Accountability e transparência pública: uma proposta para a gestão pública de excelência
Elizeu Barroso Alves

Rua Clara Vendramin, 58 • Mossunguê
CEP 81200-170 • Curitiba • PR • Brasil
Fone: (41) 2106-4170
www.intersaberes.com
editora@intersaberes.com

conselho editorial •	Dr. Ivo José Both (presidente)
	Dr.ª Elena Godoy
	Dr. Nelson Luís Dias
	Dr. Neri dos Santos
	Dr. Ulf Gregor Baranow
editora-chefe •	Lindsay Azambuja
gerente editorial •	Ariadne Nunes Wenger
assistente editorial •	Daniela Viroli Pereira Pinto
preparação de originais •	Fabrícia E. de Souza
edição de texto •	Palavra do Editor
	Larissa Carolina de Andrade
capa •	Iná Trigo (*design*), Chudik/Shutterstock (imagem)
projeto gráfico •	Raphael Bernadelli
fotografias de abertura •	Unconventional/Shutterstock
diagramação •	Rafael Ramos Zanellato
equipe de design •	Iná Trigo e Sílvio Gabriel Spannenberg
iconografia •	Sandra Lopis da Silveira e Regina Claudia Cruz Prestes

Dado internacionais de Catalogação na Publicação (CIP)
(Câmara Brasileira do Livro, SP, Brasil)

✦ ✦ ✦

Alves, Elizeu Barroso
 Accountability e transparência pública: uma proposta para a gestão pública de excelência/Elizeu Barroso Alves.
Curitiba: InterSaberes, 2021. (Série Gestão Pública)

Bibliografia.
ISBN 978-65-5517-874-6

 1. Administração pública 2. Compliance 3. Governança pública 4. Transparência na administração pública I. Título. II. Série.

20-50373   CDD-350

✦ ✦ ✦

Índices para catálogo sistemático:
1. Administração pública   350
Cibele Maria Dias – Bibliotecária – CRB-8/9427

1ª edição, 2021.

Foi feito o depósito legal.

Informamos que é de inteira responsabilidade do autor a emissão de conceitos.

Nenhuma parte desta publicação poderá ser reproduzida por qualquer meio ou forma sem a prévia autorização da Editora InterSaberes.

A violação dos direitos autorais é crime estabelecido na Lei n. 9.610/1998 e punido pelo art. 184 do Código Penal.

Sumário

Dedicatória, x

Epígrafe, xiv

Prefácio, xvi

Apresentação, xx

Como aproveitar ao máximo este livro, xxiv

capítulo um   Fundamentos do *accountability* e seus mecanismos, 30

    1.1   Contexto contemporâneo e relevância do *accountability*, 32

    1.2   *Accountability* em nosso cotidiano: das eleições aos impactos no orçamento público, 37

    1.3   *Accountability* e organizações governamentais, não governamentais e empresariais: o controle social, 45

    1.4   Instâncias formais de controle: política, judiciária e administrativa, 52

capítulo dois   Responsabilidade dos agentes públicos e dimensões do *accountability*, 66

    2.1   Dos fundamentos aos preceitos legais, 69

    2.2   Da transparência e dos instrumentos político-gerenciais, 76

	2.3	Controlabilidade e imputabilidade, 85
	2.4	Responsabilidade e responsividade, 88

capítulo três	*Accountability*, práticas de gestão pública, desafios, perspectivas e tendências, 102

	3.1	Planejamento, controle e auditoria, 104
	3.2	*Compliance*, governança e gestão participativa, 118
	3.3	Uma nova forma de conceber a gestão: a nova administração pública, 133
	3.4	Participação do cidadão e avaliação da gestão pública, 137

capítulo quatro	Princípios da transparência, 152

	4.1	Transparência e *accountability* sob uma perspectiva comparada, 154
	4.2	Controle social, transparência no Brasil e princípios jurídicos da transparência, 161
	4.3	Estrutura, vantagens e objetivos dos princípios de transparência, 169
	4.4	Publicidade, propaganda oficial, transparência, equidade e prestação de contas, 175

capítulo cinco	Transparência, participação cidadã e prestação de contas, 186

	5.1	Controle público e sua interface com os órgãos de controle interno e externo, 188
	5.2	Participação da sociedade no controle e na transparência da gestão pública, 193
	5.3	Governo digital: transparência e cidadania, 198
	5.4	Lei de Responsabilidade Fiscal (LRF) e transparência: instrumentos legais de responsabilidade na gestão fiscal, 207

capítulo seis   Governança pública e transparência, 224

       6.1   Transparência e governança, 226

       6.2   Democracia e administração pública, 234

       6.3   Eficácia e transparência, 242

       6.4   Escala Brasil Transparente (EBT), 249

Considerações finais, 262

Lista de siglas, 266

Referências, 269

Respostas, 285

Sobre o autor, 291

Dedicatória

A Deus, por estar conduzindo meus passos de forma justa e perfeita.

À minha mãe, dona Maria.

À minha esposa, Fernanda, com muito amor, por ser a minha parceira por mais de uma década e, sem dúvida, a minha maior fonte de inspiração.

Aos meus filhos, Arthur e Eloise, por serem os meus momentos de retorno à infância.

Ao Centro Universitário Internacional Uninter, na figura do Magnífico Reitor, Benhur Etelberto Gaio, por ser o berço de minha jornada acadêmica.

À professora doutora Manon Garcia, pelo convite e pela oportunidade de elaborar esta obra.

Ao Programa de Suporte à Pós-Graduação de Instituições de Ensino Particulares da Coordenação de Aperfeiçoamento de Pessoal de Nível Superior (Prosup-Capes), pelo apoio na realização de meu doutoramento.

À Editora InterSaberes, nas pessoas de Ariadne, Daniela e Lindsay, por todo o suporte para a realização desta obra.

Ao Brasil, que espero que um dia seja uma nação justa.

Epígrafe

"Tudo me é lícito, mas nem tudo convém.
Tudo me é permitido, mas não me
deixarei escravizar por coisa alguma."
(Apóstolo Paulo – 1Cor 6,12)

Prefácio

Ouso afirmar que a democracia, mesmo que ainda seja recente a redemocratização do Brasil, constitua um dos mais importantes marcos para este tempo de mudança que vivemos na sociedade e em sua gestão.

A democracia é uma relação entre a administração pública e a sociedade civil, construída entre o governo e o cidadão, mas essa relação precisa contar, de um lado, com o aumento da transparência das ações governamentais e, de outro, com o exercício adequado e efetivo da cidadania por todos os cidadãos. É necessária a responsabilização democrática dos agentes públicos e governantes para que haja um controle da atividade pública e o equilíbrio entre as demandas da sociedade e o atendimento pelo governo.

É nesse sentido que o ato de escrever um livro sobre *accountability* é tratar de democracia. Afinal, *accountability* existe por causa de um Estado democrático, mas também fortalece a democracia – é uma relação de causa e efeito.

Accountability, ainda sem tradução, é uma palavra de difícil pronúncia, entendimento e aplicação, mas que tem um significado muito maior do que a prestação de contas. Essa palavra diz respeito a um conjunto de mecanismos e procedimentos, fundamentos, preceitos legais e elementos, refere-se à responsividade e à responsabilização em todas as relações.

Para que assim seja, é preciso percorrer o campo cultural, dos valores e virtudes morais de uma sociedade, e isso procede da educação. Falar de educação é reconhecer as palavras do professor e autor desta obra, Eliseu Alves, que afirma que a gestão pública, para ser boa, deve ser pautada na ética, ser limpa e transparente, ser boa para todos e não só para poucos, ser democrática!

Na Europa, *Accountability* é uma disciplina da grade curricular dos cursos, desde os níveis iniciais até os superiores. É imprescindível que os estudantes aprendam esse conceito em sala de aula e o exercitem juntamente com seus professores e colegas em suas práticas acadêmicas, sociais e públicas. Trazer o tema para os cursos do Centro Universitário Internacional (Uninter) é, sem dúvida, inovador e um ato de cidadania para a democracia.

Nosso autor é administrador, mestre e doutorando em Administração, paulista que ama a música e a inovação, pesquisador de crimes corporativos, um apaixonado pela gestão pública que responda às demandas sociais como um meio de fortalecer a democracia, dar respostas para a sociedade e construir a sustentabilidade.

Usando suas palavras, consideramos que o professor é aquele que vai mediar a educação e essa é a magia para um Brasil, uma nação mais justa!

Esta obra é um marco para a gestão pública que vem se construindo pautada na democracia, nos valores éticos e morais, na cidadania e que começa na educação.

Drª Manon Garcia
Coordenação CST Gestão Pública e Bacharel em
Administração Pública | Escola de Gestão Pública, Política,
Jurídica e Segurança.

Apresentação

No Brasil, há uma lei de 1988 que estabelece que todo o poder emana do povo, que esse poder é exercido por meio de representantes eleitos ou diretamente e que vivemos em um Estado democrático de direito.

Há uma música da banda de *rock* brasiliense Legião Urbana, que tinha Renato Russo em seus vocais, que proclamava que "o Brasil é o país do futuro" – isso em 1989.

Ambas as afirmações, a da Constituição Federal de 1988 e a da música do Legião Urbana, são do final da década de 1980, quando o Brasil, após anos de regime militar, pôde escolher o presidente por meio de uma eleição direta. O país estava novamente nos trilhos da democracia. De lá para cá, tivemos presidentes eleitos, reeleitos e depostos via *impeachment* e avançamos em nossa legislação para garantir os pilares da democracia.

Nos tempos atuais, estamos vivenciando um movimento de mudanças – potencializado pela tecnologia – com um clamor social pela participação do cidadão na gestão pública. Não se trata apenas de participar. O cidadão quer que seus representantes sejam honrados, sigam os princípios democráticos, sejam transparentes, responsáveis e prestem conta de seus atos.

Nessa seara, termos como *accountability* passam a fazer parte do dia a dia dos cidadãos. Estamos cada vez mais exigentes em relação a nossos direitos e deveres e, acima de tudo, às boas práticas de governança pública.

Portanto, este livro nasce com uma missão: ser uma "caixa de ferramentas" para o cidadão, que poderá conhecer como funciona a gestão pública e como pode participar dela. Da mesma forma, os entes públicos, ao estarem cientes de suas obrigações legais, tendem a tomar decisões mais justas. Você vai notar que fizemos um livro dialético, em que as informações vão se cruzando e se complementando ao longo das seções.

No Capítulo 1, apresentaremos o contexto contemporâneo e a relevância do *accountability*, além de sua aplicação nas organizações e como instrumento para se pensar o futuro.

No Capítulo 2, abordaremos as dimensões do *accountability*, seus fundamentos e os preceitos legais. Vamos chamar a atenção para os elementos de transparência, controlabilidade e responsividade e para os instrumentos político-gerenciais.

Já no Capítulo 3, o mais extenso e caracterizado como um capítulo de transição, discutiremos o planejamento da gestão pública, o *compliance*, a governança e a gestão participativa na agenda pública. Apresentaremos, ainda, os preceitos da nova gestão pública (NGP) e o processo de participação popular na gestão pública.

No Capítulo 4, nosso foco recairá na dimensão da transparência no *accountability* e, com isso, trataremos da transparência no Brasil sob os aspectos jurídico-legais e seus objetivos.

No Capítulo 5, voltaremos à temática do controle social e suas interfaces com os controles externo e interno. Avançaremos no debate sobre a necessidade de construção de uma sociedade com ampla participação na transparência pública e, nesse contexto, abordaremos o governo eletrônico (e-gov).

Por fim, no Capítulo 6, discutiremos a democracia como base da administração pública e também a eficácia e os indicadores de transparência pública.

Boa leitura!

Como aproveitar ao máximo este livro

Empregamos nesta obra recursos que visam enriquecer seu aprendizado, facilitar a compreensão dos conteúdos e tornar a leitura mais dinâmica. Conheça a seguir cada uma dessas ferramentas e saiba como elas estão distribuídas no decorrer deste livro para bem aproveitá-las.

> Logo na abertura do capítulo, relacionamos os conteúdos que nele serão abordados.

> Antes de iniciarmos nossa abordagem, listamos as habilidades trabalhadas no capítulo e os conhecimentos que você assimilará no decorrer do texto.

Conteúdos do capítulo:

- Contexto contemporâneo e a relevância do *accountability*.
- *Accountability* em nosso cotidiano.
- *Accountability* e as organizações.
- *Accountability* e o planejamento de futuro.

Após o estudo deste capítulo, você será capaz de:

1. analisar os preceitos do *accountability*;
2. identificar como o *accountability* vem fazendo parte de nosso dia a dia;
3. reconhecer algumas práticas de *accountability*;
4. utilizar os conceitos de *accountability* como base para o planejamento de ações.

Portanto, podemos afirmar que o controle interno é uma ferramenta que auxilia o gestor público e constitui-se em um instrumento de defesa dos interesses do cidadão, pois visa garantir que os objetivos traçados pela administração pública sejam executados (Castro, 2011). É composto por programas, planos, atividades e ações para acompanhar a gestão, inclusive com ações corretivas caso sejam necessárias no meio do percurso.

Para saber mais

Faça uma pesquisa sobre a ação do Tribunal de Contas de seu Estado. Busque, na internet, o respectivo endereço eletrônico e procure o relatório de julgamento das contas dos prefeitos pelas câmaras municipais. Por fim, analise os resultados da fiscalização das contas públicas.

Consultando a legislação

A **Constituição da República Federativa do Brasil de 1988** é o conjunto de normas que regem nosso país. É a nossa Carta Magna.

BRASIL. Constituição (1988). **Diário Oficial da União**, Brasília, DF, 5 out. 1988. Disponível em: <http://www.planalto.gov.br/ccivil_03/constituicao/constituicao.htm>. Acesso em: 6 set. 2020.

A **Lei de Responsabilidade Fiscal (LRF)** determina as normas das finanças públicas voltadas para a responsabilidade na gestão fiscal:

BRASIL. Lei Complementar n. 101, de 4 de maio de 2000. **Diário Oficial da União**, Poder Legislativo, Brasília, DF, 4 maio 2000. Disponível em: <http://www.planalto.gov.br/ccivil_03/leis/lcp/lcp101.htm>. Acesso em: 6 set. 2020.

Sugerimos a leitura de diferentes conteúdos digitais e impressos para que você aprofunde sua aprendizagem e siga buscando conhecimento.

Listamos e comentamos nesta seção os documentos legais que fundamentam a área de conhecimento, o campo profissional ou os temas tratados no capítulo para você consultar a legislação e se atualizar.

A Lei Anticorrupção, ou Lei da Empresa Limpa, trata da responsabilização de pessoas jurídicas pela prática de atos contra a administração pública.

> BRASIL. Lei n. 12.846, de 1º de agosto de 2013. **Diário Oficial da União**, Poder Executivo, Brasília, DF, 2 ago. 2013. Disponível em: <http://www.planalto.gov.br/ccivil_03/_ato2011-2014/2013/lei/l12846.htm>. Acesso em: 6 set. 2020.

Por fim, destacamos a **Lei n. 10.180**, de 6 de fevereiro de 2001, que organiza e disciplina o planejamento, o orçamento, a administração financeira, a contabilidade e o controle interno no nível federal.

> BRASIL. Lei n. 10.180, de 6 de fevereiro de 2001. **Diário Oficial da União**, Poder Executivo, Brasília, DF, 7 fev. 2013. Disponível em: <http://www.planalto.gov.br/ccivil_03/LEIS/LEIS_2001/L10180.htm>. Acesso em: 6 set. 2020.

Síntese

Neste primeiro capítulo, iniciamos nossa abordagem com os aspectos básicos e conceituais do mecanismo chamado *accountability*.

Vimos que todas as ações dos entes públicos devem ser pautadas por cinco premissas: legalidade, impessoalidade, moralidade, publicidade e eficiência. O *accountability* representa a execução dessas premissas, ou seja, é o instrumento que possibilita uma gestão transparente, com os governantes prestando conta de seus atos.

Desse modo, o *accountability* permite que os cidadãos possam participar de fato dos atos públicos, desde a eleição até o acompanhamento da análise de final de governo. São práticas modernas que tornam a democracia mais próxima da sociedade.

Questões para revisão

1. Imagine que você está explicando a alguém sobre um princípio que existe para estabelecer os bons costumes como regra da administração pública, pois sua inobservância implica um ato viciado, que se torna inválido, já que é considerado ilegal justamente por não ser moralmente aceitável naquela comunidade.

   Esse princípio é o da:

   a. legalidade.
   b. impessoalidade.
   c. moralidade.
   d. publicidade.
   e. eficiência.

2. Uma das formas de *accountability* refere-se aos administradores públicos e ao acesso prioritário aos cargos administrativos por concursos ou equivalentes.

   Trata-se de:

   a. processo político.
   b. processo eleitoral.
   c. regras estatais temporais.
   d. regras estatais intertemporais.
   e. controle institucional durante o mandato.

3. É um instrumento previsto no art. 165 da Constituição Federal de 1988, destinado a organizar e a viabilizar a ação pública, com vistas a cumprir os fundamentos e os objetivos da República. Por meio dele, são declarados o conjunto das políticas públicas do governo para um período de quatro anos e os caminhos que devem ser trilhados para viabilizar as metas previstas.

Esse instrumento é o(a):

a. Plano Diretor (PD).
b. Lei Orçamentária Anual (LOA).
c. Lei de Diretrizes Orçamentárias (LDO).
d. Plano Plurianual (PPA).
e. Lei Orgânica.

4. A administração pública pode ocorrer de forma direta ou indireta. Diferencie esses dois modos de gestão.

5. O *accountability* pode suceder de duas formas, vertical e horizontal. Descreva as características de cada uma.

Questões para reflexão

1. Como você explica o objetivo de uma reunião convocada para discutir a Lei Orçamentária Anual (LOA) de um município? Para que serve esse instrumento?

2. Imagine que você foi convidado para participar de uma reunião que vai discutir a Lei de Diretrizes Orçamentárias (LDO) de seu município. Como você explica a função desse instrumento?

Ao propormos estas questões, pretendemos estimular sua reflexão crítica sobre temas que ampliam a discussão dos conteúdos tratados no capítulo, contemplando ideias e experiências que podem ser compartilhadas com seus pares.

✦ ✦ ✦

capítulo um

Fundamentos do accountability e seus mecanismos

Conteúdos do capítulo:

+ Contexto contemporâneo e a relevância do *accountability*.
+ *Accountability* em nosso cotidiano.
+ *Accountability* e as organizações.
+ *Accountability* e o planejamento de futuro.

Após o estudo deste capítulo, você será capaz de:

1. analisar os preceitos do *accountability*;
2. identificar como o *accountability* vem fazendo parte de nosso dia a dia;
3. reconhecer algumas práticas de *accountability*;
4. utilizar os conceitos de *accountability* como base para o planejamento de ações.

Em uma eleição municipal realizada pouco tempo atrás, ouviu-se de um dos candidatos a prefeito – que já havia sido prefeito do mesmo município na década de 1990 – que as pessoas deviam entender que muitas coisas feitas naquela época simplesmente não poderiam repetir-se. Ao buscar mais informações sobre o fato, foi possível constatar que nos dias atuais há um maior controle nas ações públicas, *vide* a promulgação da Lei de Responsabilidade Fiscal – LRF (Lei Complementar n. 101, de 4 de maio de 2000) e da Lei Anticorrupção ou Lei da Empresa Limpa (Lei n. 12.846, de 1º de agosto de 2013), bem como a atuação ativa do Ministério da Transparência, Fiscalização e Controle, do Tribunal de Contas da União (TCU) e do Ministério Público (MP), que fiscalizam e controlam as ações dos agentes públicos.

Também não podemos deixar de citar a evolução tecnológica, principalmente nas áreas de informação e comunicação, que permite a participação da sociedade na fiscalização, contribuindo para inibir crimes e desvios das funções de atendimento ao público. Sem dúvida, cada vez mais o ente público vem adotando práticas de transparência e tem sido aberto à fiscalização.

1.1 Contexto contemporâneo e relevância do accountability

No Brasil, podemos apontar que o *accountability* vem sendo colocado em evidência e em prática desde a redemocratização do Brasil nos anos 1980. Hoje, com os adventos tecnológicos, por meio da internet, dos portais de notícias, das redes e mídias sociais, mais do que nunca podemos fiscalizar de perto as ações dos entes públicos, aliás, podemos fiscalizar até suas intenções por meio de suas declarações.

Mas, afinal, como podemos definir o *accountability*?

> *Accountability* é um conceito novo na terminologia ligada à reforma do Estado no Brasil, mas já bastante difundido na literatura internacional, em geral pelos autores de língua inglesa. Não existe uma tradução literal para o português, sendo a mais próxima "a capacidade de prestar contas" ou "uma capacidade de se fazer transparente". Entretanto, aqui nos importa mais o significado que está ligado, segundo Frederich Mosher, à responsabilidade objetiva ou obrigação de responder por algo ou à transparência nas ações públicas. (Araújo, 2002, p. 17)

Assim, nessa definição, temos as seguintes palavras-chaves:

- *prestar contas*;
- *transparência*;
- *responsabilidade*;
- *obrigação*;
- *ações públicas*.

Podemos ilustrar o conceito com uma simples ação do governo, por exemplo, de um governo estadual, que tem a intenção de construir um novo hospital, visto que é obrigação do Estado a prestação de serviços de saúde gratuitos e universais. Entre a concepção da ideia e o funcionamento do hospital, é necessária a execução de várias ações, ligadas à produção de projetos, licitações, compras, contratação de pessoal etc. Todas essas ações devem passar pelo crivo de uma fiscalização, da sociedade e dos órgãos que por lei têm tais competências.

Em outras palavras, de acordo com Ribczuk e Nascimento (2015, p. 224),

> o termo *accountability* diz respeito a uma gestão pública transparente, que abrange a obrigação do governo em prestar contas, e em responsabilizar-se pelos seus atos, e consequentemente pelos resultados gerados por eles, possibilitando que os cidadãos acompanhem e participem efetivamente dos atos da administração pública que geram impactos em toda a sociedade.

Logo, é por meio do *accountability* que a população toma conhecimento dos atos do governo e que este presta conta de suas ações e atos, sendo responsável por eles. Desse modo, a sociedade também pode fiscalizar esses atos, que sempre devem ser pautados pela ética e pelo senso de coletividade.

Espera-se que os atores públicos (executivos, legislativos e judiciários) sejam dotados de honestidade e de senso de valorização das demandas sociais, mantenham o registro de suas ações e assumam a devida responsabilidade por seus atos, além de sempre fazerem a coisa certa do ponto de vista ético – o que é esperado por todos – e agirem de forma a dar atenção especial aos efeitos de seus atos.

Vale lembrar que, no Brasil, por lei – aliás, pela **Lei Maior**, a Constituição Federal de 1988, em seu art. 37 –, são definidos os princípios que devem pautar a atuação dos entes públicos:

> Art. 37. A administração pública direta e indireta de qualquer dos Poderes da União, dos Estados, do Distrito Federal e dos Municípios obedecerá aos princípios de **legalidade, impessoalidade, moralidade, publicidade e eficiência**. (Brasil, 1988, grifo nosso)

Assim, ações e práticas de *accountability* devem ser pautadas pelos princípios em destaque na citação do referido artigo. Vejamos a seguir, no Quadro 1.1, como tais princípios se aplicam à prática.

Quadro 1.1 – Princípios da administração pública

Princípio	Descrição
Legalidade	Determina que todas as ações públicas devem ocorrer conforme a lei. Por exemplo, um servidor público deve atender aos contribuintes de acordo como que preconiza a legislação.
Impessoalidade	Define que todas as ações públicas devem ocorrer de forma impessoal. Por exemplo, um servidor público deve atender os contribuintes da mesma forma (tanto seus conhecidos quanto os desconhecidos).
Moralidade	Estabelece que todas as ações públicas devem ocorrer conforme a moralidade. Por exemplo, um servidor público deve atender os contribuintes da mesma forma, dentro da lei e dos costumes morais.
Publicidade	Indica que todas as ações públicas devem ocorrer de forma transparente e ser divulgadas a toda a sociedade. Por exemplo, um servidor público deve deixar claras suas ações de atendimento.
Eficiência	Preconiza que todas as ações públicas devem ocorrer de forma eficiente, conforme o que é esperado delas. Por exemplo, o tempo e os recursos utilizados para a construção de uma obra pública devem ser adequados.

Fonte: Elaborado com base em Alperstedt, 2017.

Quanto ao princípio da impessoalidade, podemos citar um exemplo corriqueiro. Suponha que o prefeito de sua cidade, na inauguração de uma obra, expresse algo que exalte o trabalho do secretário de obras, por exemplo. Nesse caso, o prefeito estaria violando tal princípio. Como podemos notar, o objetivo é proibir promoções e interesses particulares, afinal, a administração pública deve sempre prezar pela supremacia do interesse público em relação ao particular.

Isso reforça a tese de Ribczuk e Nascimento (2015, p. 224), que afirmam:

> O termo *accountability* abarca a relação entre o administrador público e a sociedade civil, e como administra bens pertencentes à coletividade deve prestar contas, responsabilizando-se pelos seus atos e consequentes resultados obtidos, o que está totalmente vinculado com os valores de um Estado Democrático de Direito. Logo, *accountability* alcança os princípios constitucionais de legalidade, impessoalidade, moralidade, publicidade, bem como eficiência, visto que o administrador público deve responder por todos eles.

Aqui se faz necessário distinguir duas categorias de ação de *accountability*:

- ***Accountability* vertical**: "os cidadãos controlam de forma ascendente os governantes (mediante o voto em representantes), com formas de democracia semidireta (como plebiscitos) ou ainda pela utilização do controle social" (Ribczuk; Nascimento, 2015, p. 224).
- ***Accountability* horizontal**: "fiscalização mútua entre os Poderes (*checks and balances*) ou por meio de outras agências governamentais que monitoram o poder público, tais como os tribunais de contas" (Ribczuk; Nascimento, 2015, p. 224).

A Figura 1.1 ilustra essas formas de os diferentes atores praticarem o *accountability*.

Figura 1.1 – Mecanismos de accountability *vertical e horizontal*

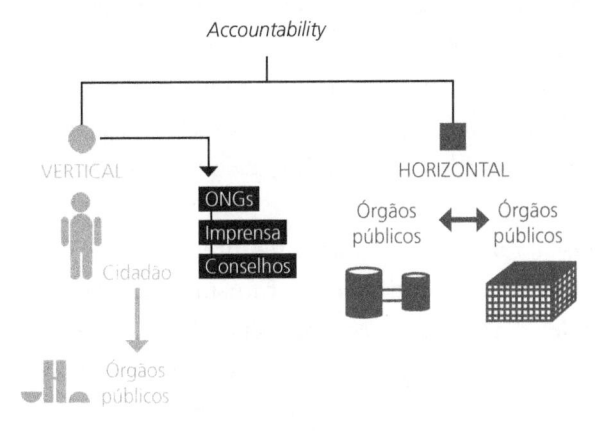

Accountability

VERTICAL — ONGs / Imprensa / Conselhos

Cidadão → Órgãos públicos

HORIZONTAL

Órgãos públicos ↔ Órgãos públicos

Fonte: Lima, 2018.

Com isso, podemos vislumbrar que temos, como sociedade, mecanismos de fiscalização sobre os atos públicos. Assim, devemos compreender que, quando decidimos não utilizá-los, estamos sendo omissos, já que nossa responsabilidade é dupla: a escolha de nossos representantes na eleição e a cobrança dirigida aos órgãos públicos fiscalizadores. Precisamos ser mais ativos, pois os mecanismos de *compliance* são os que visam garantir a transparência e a responsabilidade ética dos entes públicos.

1.2 Accountability *em nosso cotidiano: das eleições aos impactos no orçamento público*

Agora que você já sabe o que é *accountability*, vamos analisar como seus mecanismos fazem parte de nosso cotidiano, mesmo que não tenhamos notado ainda. Vejamos o que afirmam Medeiros, Crantschaninov e Silva (2013, p. 746):

> O termo *accountability* ganha força no Brasil no mesmo momento em que a democracia se torna princípio fundamental do sistema político, após a queda do regime militar. Desde então, o termo circunda a literatura em companhia de expressões como controle social, participação e a própria democratização do Estado.

Com isso, reforçamos nosso entendimento sobre as possibilidades de fiscalização oriundas dos mecanismos de *accountability*, pois, por meio deles, a sociedade civil tem a possibilidade de acompanhar os atos do governo. Se pensarmos no Poder Executivo e em suas ações, podemos considerar até mesmo o período em que determinado governo não era ainda governo.

Como assim? Já nas eleições temos a possibilidade de acompanhar as ações dos candidatos, suas prestações de contas, doações etc. Por isso, o *accountability* é uma ferramenta da democracia, que atende ao parágrafo único do art. 1º de nossa Constituição: "Todo o poder emana do povo, que o exerce por meio de representantes eleitos ou diretamente, nos termos desta Constituição" (Brasil, 1988).

Assim, o *accountability* está estreitamente relacionado com a democracia, sistema no qual os governados exercem influência e controle sobre os governantes e em que o "Estado deve ser regido por regras que delimitem seu campo de atuação em prol da defesa de direitos básicos dos cidadãos, tanto individuais como coletivos" (Abrucio; Loureiro, 2004, p. 81). Dessa forma, as eleições passaram a ser uma ferramenta de prestação de contas do governo para a sociedade (Medeiros; Crantschaninov; Silva, 2013).

Sobre o controle das ações do governo, observe atentamente a Figura 1.2, a seguir, pois é com base nela que vamos explanar como funciona a hierarquia do controle na administração pública federal.

Figura 1.2 – Hierarquia do controle na administração pública federal

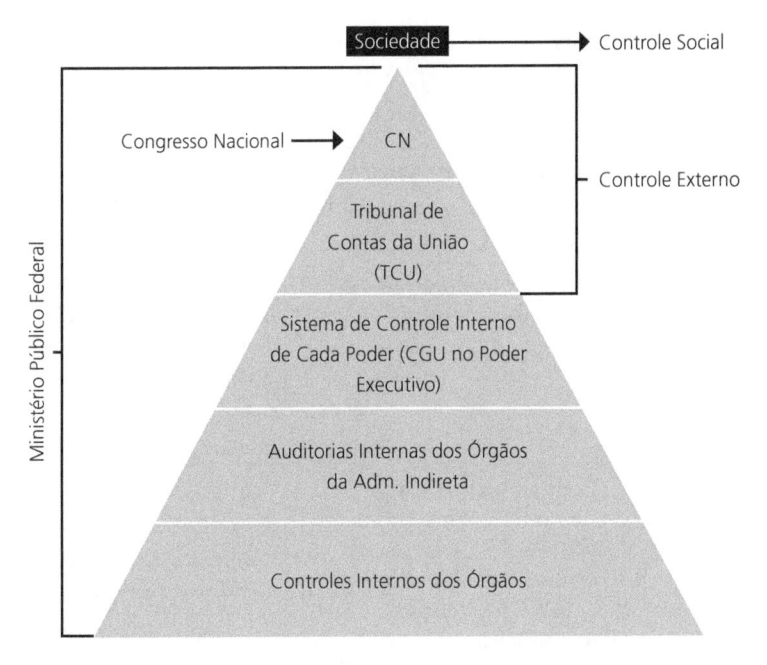

- Sociedade → Controle Social
- Congresso Nacional → CN
- Tribunal de Contas da União (TCU)
- (CN e TCU) Controle Externo
- Sistema de Controle Interno de Cada Poder (CGU no Poder Executivo)
- Auditorias Internas dos Órgãos da Adm. Indireta
- Controles Internos dos Órgãos
- Ministério Público Federal (abrange todos os níveis)

Fonte: Amaral et al., 2013, p. 201.

Quando pensamos em eleição, sabemos que esta é a maneira mais usual de se fazer a prestação de contas. Entretanto, existem também formas aplicadas durante o mandato, como a realização de audiências públicas, as ações civis públicas e o orçamento participativo. Além destas, há ainda as regras e as normas que são constantes em qualquer comunidade política; são regras intertemporais, que visam dar garantia e segurança ao cumprimento de leis e processos. Ou seja, se a eleição é o primeiro acesso para a prestação de contas e os planos de intenção dos entes públicos, no percurso do mandato podemos ter o controle sobre as ações, por meio de audiências públicas, ações civis públicas, orçamento participativo etc.

No Quadro 1.2, vejamos como Abrucio e Loureiro (2004) apresentam as duas formas de *accountability*.

Quadro 1.2 – Formas de accountability

Formas de accountability	Instrumentos	Condições
Processo eleitoral	Sistema eleitoral e partidário Debates e formas de disseminação da informação Regras de financiamento de campanhas Justiça eleitoral	Direitos políticos básicos de associação, de votar e ser votado Pluralismo de ideias (crenças ideológicas e religiosas) Imprensa livre e possibilidade de se obter diversidade de informações Independência e controle mútuo entre os poderes
Controle institucional durante o mandato	Controle parlamentar (controles mútuos entre os poderes, CPI, arguição e aprovação de altos dirigentes públicos, fiscalização orçamentária e de desempenho das agências governamentais, audiências públicas etc.) Controle Judicial (controle da constitucionalidade, ações civis públicas, garantia dos direitos fundamentais etc.) Controle administrativo-procedimental (Tribunal de Contas e/ou auditoria financeira) Controle do desempenho dos programas governamentais Controle social (conselho de usuários dos serviços públicos, plebiscito, orçamento participativo etc.)	Transparência e fidedignidade das informações públicas Burocracia regida pelo princípio do mérito (meritocracia) Predomínio do império da lei Existência de mecanismos institucionalizados que garantam a participação e o controle da sociedade sobre o poder público Criação de instâncias que busquem o maior compartilhamento possível das decisões ("consensualismo")

(continua)

(Quadro 1.2 – conclusão)

Formas de accountability	Instrumentos	Condições
Regras estatais intertemporais	Garantias de direitos básicos pela Constituição (cláusulas pétreas)	
	Segurança contratual individual e coletiva	
	Limitação legal do poder dos administradores públicos	
	Acesso prioritário aos cargos administrativos por concursos ou equivalentes	
	Mecanismos de restrição orçamentária	
	Defesa de direitos intergeracionais	

Fonte: Abrucio; Loureiro, 2004, p. 81-82.

Como podemos observar no quadro anterior, temos a mescla entre o *accountability* vertical e o horizontal. Por exemplo, na época da eleição, a imprensa executa um papel importante ao informar aos eleitores as ações dos candidatos. Depois, existem outras ações, como as Comissões Parlamentares de Inquérito (CPIs), os controles administrativo-procedimentais do Tribunal de Contas e até mesmo o *impeachment*.

Segundo notícia do Portal R7 de 23 de janeiro de 2020, o Tribunal de Contas do Estado de São Paulo suspendeu a licitação do Poupatempo por tempo indeterminado. O processo selecionaria novos gestores para os postos do serviço.
AGÊNCIA ESTADO. Tribunal de Contas suspende licitação do Poupatempo. **R7 Notícias**, 23 jan. 2020. Disponível em: <https://noticias.r7.com/sao-paulo/tribunal-de-contas-suspende-licitacao-do-poupatempo-23012020>. Acesso em: 6 set. 2020.

Um dos grandes estudiosos do tema, Guillermo O'Donnell, já em 1998 apresentava a importância dos mecanismos horizontais de *accountability*:

> a existência de agências estatais que têm o direito e o poder legal e que estão de fato dispostas e capacitadas para realizar ações, que vão desde a supervisão de rotina a sanções legais ou até *impeachment* contra ações ou emissões de outros agentes ou agências do Estado que possam ser qualificadas como delituosas. (O'Donnell, 1998, p. 40)

Assim, empoderam-se a população e as instituições, que passam a ter a possibilidade de fiscalização. A Lei de Responsabilidade Fiscal – LRF (Lei Complementar n. 101, de 4 de maio de 2000), em seu art. 73-A, estabelece: "Qualquer cidadão, partido político, associação ou sindicato é parte legítima para denunciar ao respectivo Tribunal de Contas e ao órgão competente do Ministério Público o descumprimento das prescrições estabelecidas nesta Lei Complementar" (Brasil, 2000b).

E como se pode praticar o exercício de fiscalização? Conhecendo-se os instrumentos! Podemos citar como exemplo o orçamento público. Vale lembrar que são três as leis e os instrumentos de deveras importância na gestão pública: Lei de Diretrizes Orçamentárias (LDO), Lei Orçamentária Anual (LOA) e Plano Plurianual (PPA). A Figura 1.3 sintetiza o conteúdo dessas leis.

Figura 1.3 – Inter-relação entre LDO, LOA e PPA

Plano Plurianual (PPA)	**Lei de Diretrizes Orçamentárias (LDO)**	**Lei Orçamentária Anual (LOA)**
• Define estratégias, diretrizes e metas da administração pública para o período de 4 anos.	• Regras para elaborar e executar o orçamento do ano seguinte; • Define prioridades e metas do governo.	• Estima as receitas e programa as despesas de cada ano, de acordo com as prioridades do PPA e as regras estabelecidas pela LDO.

Fonte: Enap, 2017, p. 17.

A seguir, o Quadro 1.3 apresenta mais detalhes sobre esses conceitos.

Quadro 1.3 – Definições de PPA, LDO e LOA

Plano Plurianual (PPA)	"Plano Plurianual estabelece, de forma regionalizada, as diretrizes, objetivos e metas da administração pública federal para as despesas de capital e outras delas decorrentes e para as relativas aos programas de duração continuada." (Brasil, 2020a)
Lei de Diretrizes Orçamentárias (LDO)	"O Projeto de Lei de Diretrizes Orçamentárias (LDO) estabelece as metas e prioridades para o exercício financeiro seguinte; orienta a elaboração do Orçamento; dispõe sobre alteração na legislação tributária; estabelece a política de aplicação das agências financeiras de fomento. Com base na LDO aprovada pelo Legislativo, a Secretaria de Orçamento Federal (SOF) elabora a proposta orçamentária para o ano seguinte, em conjunto com os Ministérios e as unidades orçamentárias dos Poderes Legislativo e Judiciário. Por determinação constitucional, o governo é obrigado a encaminhar o Projeto de Lei do Orçamento ao Congresso Nacional até 31 de agosto de cada ano." (Portal da Transparência da Prefeitura Municipal de Maricá, 2020)

(continua)

(Quadro 1.3 – conclusão)

Lei Orçamentária Anual (LOA)	"É no Projeto de Lei Orçamentária Anual (LOA) que o governo define as prioridades contidas no PPA e as metas que deverão ser atingidas naquele ano. A LOA disciplina todas as ações do Governo Federal. Nenhuma despesa pública pode ser executada fora do Orçamento, mas nem tudo é feito pelo Governo Federal. As ações dos governos estaduais e municipais devem estar registradas nas leis orçamentárias dos Estados e Municípios. No Congresso, deputados e senadores discutem, na Comissão Mista de Planos, Orçamentos Públicos e Fiscalização (CMO), a proposta enviada pelo Executivo, fazem as modificações que julgam necessárias por meio das emendas e votam o projeto. Depois de aprovado, o projeto é sancionado pelo Presidente da República e se transforma em Lei." (Portal da Transparência da Prefeitura Municipal de Maricá, 2020)

Notemos que, na etapa das propostas dessas leis, a população muitas vezes é chamada a participar de audiências públicas. Esse é um momento especial, principalmente no que se refere ao orçamento público, pois fiscalizar esse instrumento possibilita que a comunidade (sociedade, empresas, órgãos de fiscalização) se utilize de uma ferramenta valiosa para garantir o mais amplo controle do que gastam os entes públicos.

Figura 1.4 – Exemplo de convite para audiência pública de discussão da LOA

CONVITE
AUDIÊNCIA PÚBLICA

Plano Municipal de Saneamento Básico

14 de agosto, às 19h
No Plenário da Câmara Municipal de Jataí

JATAÍ

Fonte: Jataí, 2019.

Quando ocorre a discussão para elaborar tais instrumentos de gestão, em que o poder público convida a população para debater e para conhecer as demandas da sociedade, há uma troca de informação que fortalece o laço Estado-população. É o povo exercendo seu papel de contribuidor e de fiscal.

Na sequência, vamos enfocar os setores organizacionais do Brasil e sua relação com o *accountability*.

1.3 Accountability e *organizações governamentais, não governamentais e empresariais: o controle social*

Até aqui apresentamos alguns elementos de *accountability* identificados em nosso dia a dia. Agora, vamos dar uma atenção especial às organizações econômicas (empresas), à sociedade civil organizada e ao Estado.

A administração pública do Brasil é composta por:

- **Administração direta:** divide-se nos níveis federal, com a presidência da república e os ministérios; estadual, com os governos dos estados e as secretarias; e municipal, com a estrutura de governo e as secretarias/departamentos municipais (Bernardi; Brudeki, 2013);
- **Administração indireta:** segundo Bernardi e Brudeki (2013), ocorre por meio de sistemas de concessões, como transporte público, autarquias, fundações públicas, empresas públicas e sociedades de economia mista.

O Quadro 1.4 sintetiza as características desses tipos de administração.

Quadro 1.4 – *Administração direta e administração indireta*

Administração direta	Administração indireta
A Administração Direta corresponde à prestação dos serviços públicos diretamente pelo próprio Estado e seus órgãos. [...] Assim, quando a União, os Estados-membros, Distrito Federal e Municípios, prestam serviços públicos por seus próprios meios, diz que há atuação da Administração Direita. [...]	Indireto é o serviço prestado por pessoa jurídica criada pelo poder público para exercer tal atividade. [...] Se cria autarquias, fundações, sociedades de economia mista ou empresas públicas e lhes repassa serviços públicos, haverá Administração Indireta. [...]

Fonte: Cunha, 2014.

E quanto aos demais **setores?** Vamos relembrar como se realiza essa divisão no Brasil.

O primeiro setor é o **governo**. O segundo setor é o **meio produtivo**, composto por organizações privadas que visam ao lucro. Por fim, o terceiro setor, a **sociedade civil organizada**, é representado por organizações que podem estruturar-se como o setor privado, porém que procuram atender às demandas sociais.

Quando há harmonia entre os três setores, obtêm-se grandes benefícios para a sociedade, pois eles são interdependentes. Vejamos o que ressalta Ferreira (2006, p. 31):

> Essa característica dialógica, de constante permuta de informações entre a sociedade civil e o Estado, permite a construção de arenas de democracia direta dentro de

> um regime predominantemente representativo, onde a participação política popular, a prestação continuada de contas, a responsividade dos agentes políticos e da burocracia estatal transformam-se em requisitos básicos para um efetivo controle social. E, muito mais que isso, permite a consolidação da democracia brasileira.

Assim, espera-se que haja *accountability* nas relações entre esses atores; aliás, deve-se publicizar como estão se relacionando. Por exemplo, sabemos que o poder público pode ceder à iniciativa privada a execução de serviços por meio de concessões. É preciso saber como isso acontece para que possam ser aplicadas **ações de controle**. Como está se configurando esse tipo de relacionamento? Nesse contexto, com relação à empresa envolvida, cabe considerar:

+ **Informações e controle internos**: "As informações produzidas pelo controle interno, quando elaboradas e disponibilizadas de forma clara, permitem que o controle externo também ocorra" (Morais; Teixeira, 2016, p. 90).
+ **Informações e controle externos**: "Após tratar e disponibilizar os dados, igualmente de forma clara permite que se processe o controle social" (Morais; Teixeira, 2016, p. 90).

A Figura 1.5, a seguir, demonstra que para que se tenha "o exercício dos controles é necessário que haja publicização das informações com clareza, de tal forma que seja compreensível pelos diferentes públicos" (Morais; Teixeira, 2016, p. 90).

Figura 1.5 – Tipos de controle necessários para o accountability

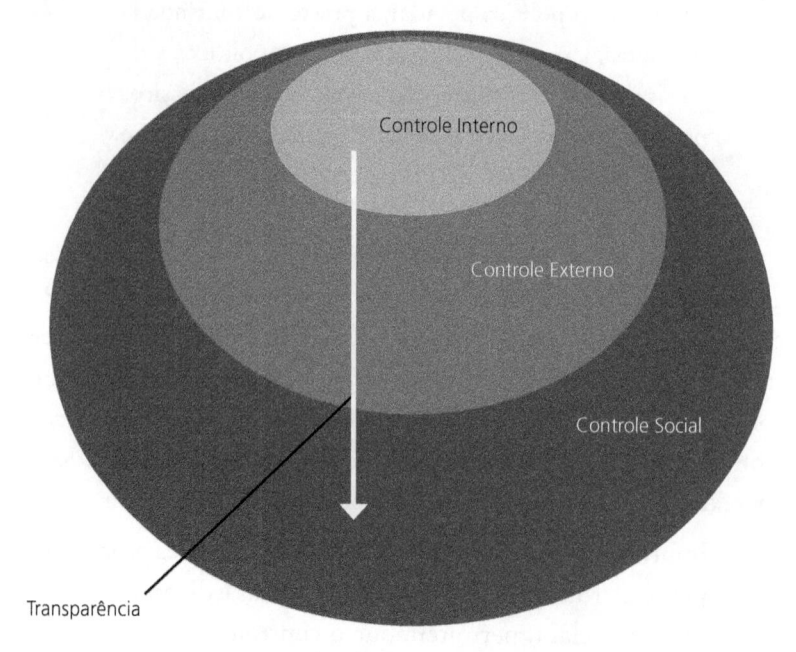

(Controle Interno / Controle Externo / Controle Social / Transparência)

Fonte: Morais; Teixeira, 2016, p. 90.

O controle social é o nível mais amplo. Segundo Santos e Cardoso (2002), a ampliação do controle social, além de buscar maior transparência diante do gasto público, visa sobretudo contribuir com o enfrentamento da corrupção. Notemos que essa afirmação de Santos e Cardoso é de 2002. Hoje, podemos ver como essa questão se situa na cartilha intitulada *Controle social: orientações aos cidadãos para participação na gestão pública e exercício do controle social*, da Controladoria-Geral da União (CGU): "O controle social pode ser entendido como a participação do cidadão na gestão pública, na fiscalização, no monitoramento e no controle das ações da Administração Pública. Trata-se de importante mecanismo de prevenção da corrupção e de fortalecimento da cidadania" (Brasil, 2012a, p. 16).

Valle, também em 2002, afirma:

> A verdade é – e disso não se pode perder a perspectiva – que quando se fala em controle social, inequivocamente estamos nos referindo à democracia, já que nesse exercício só é possível (especialmente num sentido verdadeiramente substantivo, e não meramente formal) em existindo liberdade e consciência democrática. (Valle, 2002, p. 136)

Dessa forma, podemos entender que o controle social tem as funções política, jurídica e social, descritas no Quadro 1.5.

Quadro 1.5 – Funções do controle social

Função política	"se expressa pela participação de segmentos da sociedade civil em processos decisórios, de promoção da transparência e do acompanhamento da gestão pública".
Função jurídica	"se faz presente ao funcionar como elemento de defesa dos interesses individuais e coletivos e dos aspectos de legalidade da gestão pública, conforme previsto no ordenamento jurídico e na legislação vigente".
Função social	"assegurar ou ampliar os direitos sociais aos cidadãos ou àquelas comunidades, antes excluídas desses direitos. Manifesta-se quando estimulam-se os cidadãos ao aprendizado da cidadania e a serem sujeitos ativos".

Fonte: Braga, 2011, p. 53.

Nos dias atuais, há uma maior exigência de que a sociedade civil organizada e a sociedade em geral atuem junto ao poder público. Desse modo, construímos uma sociedade que tenha condições de atender a suas demandas. Só para termos uma ideia, antes desse movimento de controle e busca incessante pela transparência pública, era comum municípios gastarem mais do que arrecadavam e ainda fazerem empréstimos para cobrir o rombo financeiro.

O ex-presidente Fernando Henrique Cardoso relatou essa situação referente às dificuldades dos gestores da economia brasileira antes do Plano Real:

> O Orçamento se constituía em uma peça de ficção. As contas do BC [Banco Central] e do Tesouro se misturavam e delas ninguém sabia grande coisa. O BB [Banco do Brasil] e as demais instituições financeiras públicas ou privadas viviam do *floating*, isto é, de apropriarem-se das sobras inflacionárias. Não obstante, a inflação dava a muita gente (mas não à grande massa de brasileiros pobres) a ilusão da abundância. Os diferentes tipos de depósitos que tinham direito à correção monetária rendiam esperança. Os bancos oficiais emprestavam e não sabiam se ganhavam ou perdiam, o que pouco importava, já que a inflação gerava resultados fictícios nos balanços. Os estados contratavam dívidas impagáveis junto a seus bancos para financiar *deficit* crescentes. Enfim, governava-se às cegas e na desordem. O Congresso imperava na ilusão econômica: para prometer acima do que podia entregar bastava aumentar um pouco a taxa de inflação esperada e gerar no Orçamento bilhões em recursos inexistentes, como se os parlamentares fossem, para lembrar o romance de André Gide, moedeiros falsos. A cada tantos meses recalculavam-se os excedentes de arrecadação. O Tesouro, por seu lado, dava de ombros: um simples atraso de alguns pagamentos (até mesmo salários) e a inflação corroía o valor real dos desembolsos, poupando-lhe recursos. Ao final do ano tudo dava aparentemente certo. (Cardoso, 2006, p. 141)

Hoje isso mudou. Vejamos o parágrafo 1º do art. 1º da LRF:

> § 1º A responsabilidade na gestão fiscal pressupõe a ação planejada e transparente, em que se previnem riscos e corrigem desvios capazes de afetar o equilíbrio das contas públicas, mediante o cumprimento de metas de resultados entre receitas e despesas e a obediência a limites e condições no que tange a renúncia de receita, geração de despesas com pessoal, da seguridade social e outras, dívidas consolidada e mobiliária, operações de crédito, inclusive por antecipação de receita, concessão de garantia e inscrição em Restos a Pagar. (Brasil, 2000b)

E como podemos garantir que haja esse cumprimento? Como você deve ter deduzido, por meio do **controle social**. Esse é um dos caminhos. Vejamos como se opera esse mecanismo.

Quadro 1.6 – Controle social sobre a administração pública

Quem controla?	Qualquer ator, seja individual ou coletivo, que atue em função de interesses públicos ou suscetíveis de serem defendidos como tal.
Como controla?	Monitoramento e reação sobre ações e decisões, tanto passadas (resultados) quanto futuras (processos decisórios). Em qualquer circunstância, em condições de autonomia.
Com o que controla?	Recursos efetivos para forçar a observância dos deveres administrativos, sejam diretos (poder de veto, eleições, deliberação pública) ou indiretos (ações consagradas juridicamente e recursos administrativos suscetíveis de serem ativados por uma instituição controladora e judicial).
De onde controla?	Separadamente do núcleo estratégico da Administração Pública e dos serviços públicos (individuais ou em rede, estatais ou não estatais), considerando os tipos de estrutura organizativas.

Fonte: Grau, 2000 citada por Santos; Cardoso, 2001, p. 228.

Portanto, podemos constatar a importância do controle das ações e dos atos governamentais. A seguir, veremos algumas ferramentas e alguns instrumentos para isso.

1.4 Instâncias formais de controle: política, judiciária e administrativa

Quando entendemos quais são os princípios que regem a administração pública, estabelecidos na Constituição Federal de 1988, constatamos que o controle é uma forma de garantir a execução do planejado. Existem três poderes que vivem de forma harmônica, objetivando a administração do país: um administra (Poder Executivo), outro faz as leis (Poder Legislativo) e outro as aplica (Poder Judiciário). Quanto aos níveis, há o governo federal, os governos estaduais e os governos municipais, os quais são compostos por um governo central, 26 estados e mais de 5.700 municípios.

O Quadro 1.7 apresenta o papel de cada um dos poderes.

Quadro 1.7 – Divisão de poderes no Brasil

Poder	Atribuições
Poder Executivo	É responsável pela administração pública da União, do estado ou do município. Por exemplo, o presidente da República.
Poder Legislativo	É responsável pela criação das leis e pela fiscalização do Poder Executivo. Atua nos níveis federal, estadual e municipal. Por exemplo, a Câmara de Vereadores de uma cidade.
Poder Judiciário	É responsável pela aplicação das leis que são oriundas do Poder Legislativo, bem como por sua interpretação. Por exemplo, o Superior Tribunal Federal (STF).

Fonte: Elaborado com base em Santana, 2016.

Um exemplo são as competências do Congresso Nacional, apresentadas no art. 49 da Constituição:

> Art. 49. É da competência exclusiva do Congresso Nacional:
>
> I – resolver definitivamente sobre tratados, acordos ou atos internacionais que acarretem encargos ou compromissos gravosos ao patrimônio nacional;
>
> II – autorizar o Presidente da República a declarar guerra, a celebrar a paz, a permitir que forças estrangeiras transitem pelo território nacional ou nele permaneçam temporariamente, ressalvados os casos previstos em lei complementar;
>
> III – autorizar o Presidente e o Vice-Presidente da República a se ausentarem do País, quando a ausência exceder a quinze dias;
>
> IV – aprovar o estado de defesa e a intervenção federal, autorizar o estado de sítio, ou suspender qualquer uma dessas medidas;
>
> V – sustar os atos normativos do Poder Executivo que exorbitem do poder regulamentar ou dos limites de delegação legislativa;
>
> VI – mudar temporariamente sua sede;
>
> VII – fixar idêntico subsídio para os Deputados Federais e os Senadores, observado o que dispõem os arts. 37, XI, 39, § 4º, 150, II, 153, III, e 153, § 2º, I; (Redação dada pela Emenda Constitucional nº 19, de 1998)

VIII – fixar os subsídios do Presidente e do Vice-Presidente da República e dos Ministros de Estado, observado o que dispõem os arts. 37, XI, 39, § 4º, 150, II, 153, III, e 153, § 2º, I; (Redação dada pela Emenda Constitucional nº 19, de 1998)

IX – julgar anualmente as contas prestadas pelo Presidente da República e apreciar os relatórios sobre a execução dos planos de governo;

X – fiscalizar e controlar, diretamente, ou por qualquer de suas Casas, os atos do Poder Executivo, incluídos os da administração indireta;

XI – zelar pela preservação de sua competência legislativa em face da atribuição normativa dos outros Poderes;

XII – apreciar os atos de concessão e renovação de concessão de emissoras de rádio e televisão;

XIII – escolher dois terços dos membros do Tribunal de Contas da União;

XIV – aprovar iniciativas do Poder Executivo referentes a atividades nucleares;

XV – autorizar referendo e convocar plebiscito;

XVI – autorizar, em terras indígenas, a exploração e o aproveitamento de recursos hídricos e a pesquisa e lavra de riquezas minerais;

XVI – aprovar, previamente, a alienação ou concessão de terras públicas com área superior a dois mil e quinhentos hectares. (Brasil, 1988)

Notemos como a Constituição exerce o controle sobre o Poder Executivo, bem como sobre comissões, prestação de contas etc. O Congresso Nacional é uma instância na qual temos nossa representação como cidadãos por parte da Câmara dos Deputados, os quais elegemos de forma direta a cada quatro anos. Também somos representados no âmbito dos estados por meio dos senadores, do mesmo modo eleitos a cada quatro anos. Assim, dizemos que o Congresso é *bicameral*.

> O Brasil é uma República Federativa formada pela união indissolúvel dos Estados, dos Municípios e do Distrito Federal. São Poderes da União, independentes e harmônicos entre si, o Legislativo, o Executivo e o Judiciário.
>
> O Poder Legislativo brasileiro, no âmbito federal, é exercido pelo Congresso Nacional, composto por duas Casas: o Senado Federal e a Câmara dos Deputados.
>
> Os senadores e os deputados federais são eleitos pelo povo, por meio do voto direto e secreto e cabe a eles, entre outras tarefas, propor, analisar, discutir, votar e aprovar as leis que regem o dia a dia de todos os brasileiros.
>
> A Câmara dos Deputados compõe-se de representantes do povo e o Senado de representantes dos Estados e do Distrito Federal. (Brasil, 2020b)

A seguir, na Figura 1.6, vemos uma foto do Congresso Nacional, que tem o nome oficial de *Palácio Nereu Ramos*, inaugurado em 1960 pelo então presidente da República, Juscelino Kubitschek, e concebido pelo arquiteto Oscar Niemeyer. O Senado é a cúpula côncava, ou seja, virada para baixo, do lado esquerdo, e a Câmara é a cúpula convexa, ou seja, virada para cima, do lado direito.

Figura 1.6 – Congresso Nacional brasileiro

Assim, o Poder Legislativo faz parte dos mecanismos de controle da administração pública federal. Outro mecanismo é o Tribunal de Contas da União (TCU). Vale lembrar que tanto o Congresso quanto o TCU são controles externos. Cada órgão público também tem mecanismos de controle interno, que chamamos de *controle administrativo*, o qual se junta ao controle externo e ao controle social, que já comentamos.

> O TCU é o órgão de controle externo do governo federal e auxilia o Congresso Nacional na missão de acompanhar a execução orçamentária e financeira do país e contribuir com o aperfeiçoamento da Administração Pública em benefício da sociedade. Para isso, tem como meta ser referência na promoção de uma Administração Pública efetiva, ética, ágil e responsável.
>
> O Tribunal é responsável pela fiscalização contábil, financeira, orçamentária, operacional e patrimonial dos órgãos e entidades públicas do país quanto à legalidade, legitimidade e economicidade.

> [...]
> Além das competências constitucionais e privativas do TCU que estão estabelecidas nos artigos 33, §2º, 70, 71, 72, §1º, 74, §2º e 161, parágrafo único, da Constituição Federal de 1988, outras leis específicas trazem em seu texto atribuições conferidas ao Tribunal. Entre essas estão a Lei de Responsabilidade Fiscal (LC 101/2001), a Lei de Licitações e Contratos (8666/93) e, anualmente, a Lei de Diretrizes Orçamentárias. (Brasil, 2020s)

Vejamos, ainda, a ampla gama de competências do TCU:

> Apreciar as contas anuais do presidente da República.
>
> Julgar as contas dos administradores e demais responsáveis por dinheiros, bens e valores públicos.
>
> Apreciar a legalidade dos atos de admissão de pessoal e de concessão de aposentadorias, reformas e pensões civis e militares.
>
> Realizar inspeções e auditorias por iniciativa própria ou por solicitação do Congresso Nacional.
>
> Fiscalizar as contas nacionais das empresas supranacionais.
>
> Fiscalizar a aplicação de recursos da União repassados a estados, ao Distrito Federal e a municípios.
>
> Prestar informações ao Congresso Nacional sobre fiscalizações realizadas.
>
> Aplicar sanções e determinar a correção de ilegalidades e irregularidades em atos e contratos.
>
> Sustar, se não atendido, a execução de ato impugnado, comunicando a decisão à Câmara dos Deputados e ao Senado Federal.

> Emitir pronunciamento conclusivo, por solicitação da Comissão Mista Permanente de Senadores e Deputados, sobre despesas realizadas sem autorização.
>
> Apurar denúncias apresentadas por qualquer cidadão, partido político, associação ou sindicato sobre irregularidades ou ilegalidades na aplicação de recursos federais.
>
> Fixar os coeficientes dos fundos de participação dos estados, do Distrito Federal e dos municípios e fiscalizar a entrega dos recursos aos governos estaduais e às prefeituras municipais. (Brasil, 2020s)

Como podemos notar, o TCU tem papel central no controle das ações dos entes públicos. Cada estado brasileiro tem um tribunal de contas, e até 2020 as cidades de São Paulo e do Rio de Janeiro também contavam com tribunais de contas municipais.

Dessa forma, entendemos que o controle, conforme Guerra (2007), é necessário para averiguar o cumprimento do que foi predeterminado e evidenciar eventuais desvios passíveis de correção.

> Em síntese, controle da Administração Pública é a possibilidade de verificação, inspeção, exame, pela própria Administração, por outros Poderes ou por qualquer cidadão, da efetiva correção na conduta gerencial de um Poder, órgão ou autoridade, no escopo de garantir atuação conforme aos modelos desejados anteriormente planejados, gerando uma aferição sistemática. Trata-se, na verdade, de poder dever, já que, uma vez determinado em lei, não poderá ser renunciado ou postergado, sob pena de responsabilização por omissão do agente infrator. (Guerra, 2007, p. 90)

Como explicam Gonçalves e Mendes (2015, p. 4),

> O controle avalia o desempenho, bem como promove ação corretiva quando necessário, tendo por finalidade assegurar que os resultados das estratégias, políticas e diretrizes, regras e procedimentos se ajustem aos objetivos previamente estabelecidos. Na área pública, o controle é utilizado na verificação dos atos administrativos, que devem estar aderentes às normas previstas na legislação.

Quanto ao controle interno administrativo, podemos afirmar que sua finalidade "é garantir o cumprimento das metas e evitar a ocorrência de impropriedades e irregularidades, utilizando-se de princípios, técnicas e instrumentos próprios" (Castro, 2011, p. 299). Vejamos o art. 74 da Constituição:

> Art. 74. Os Poderes Legislativo, Executivo e Judiciário manterão, de forma integrada, sistema de controle interno com a finalidade de:
>
> I – avaliar o cumprimento das metas previstas no plano plurianual, a execução dos programas de governo e dos orçamentos da União;
>
> II – comprovar a legalidade e avaliar os resultados, quanto à eficácia e eficiência, da gestão orçamentária, financeira e patrimonial nos órgãos e entidades da administração federal, bem como da aplicação de recursos públicos por entidades de direito privado;
>
> III – exercer o controle das operações de crédito, avais e garantias, bem como dos direitos e haveres da União;
>
> IV – apoiar o controle externo no exercício de sua missão institucional.

§ 1º Os responsáveis pelo controle interno, ao tomarem conhecimento de qualquer irregularidade ou ilegalidade, dela darão ciência ao Tribunal de Contas da União, sob pena de responsabilidade solidária.

§ 2º Qualquer cidadão, partido político, associação ou sindicato é parte legítima para, na forma da lei, denunciar irregularidades ou ilegalidades perante o Tribunal de Contas da União. (Brasil, 1988)

No âmbito federal, é a CGU que executa o controle interno. Ademais, a Lei n. 10.180, de 6 de fevereiro de 2001 (Brasil, 2001a), regulamenta o sistema de controle interno do Poder Executivo federal.

A Figura 1.7 sintetiza o controle interno na administração pública federal.

Figura 1.7 – Sistemas de controle interno na administração pública federal

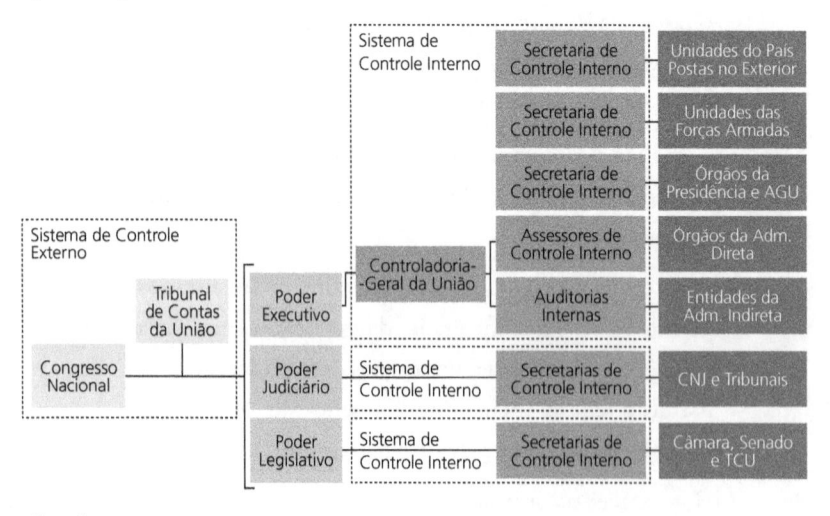

Fonte: Pompeu, 2015, p. 6.

Portanto, podemos afirmar que o controle interno é uma ferramenta que auxilia o gestor público e constitui-se em um instrumento de defesa dos interesses do cidadão, pois visa garantir que os objetivos traçados pela administração pública sejam executados (Castro, 2011). É composto por programas, planos, atividades e ações para acompanhar a gestão, inclusive com ações corretivas caso sejam necessárias no meio do percurso.

> *Para saber mais*
>
> Faça uma pesquisa sobre a ação do Tribunal de Contas de seu Estado. Busque, na internet, o respectivo endereço eletrônico e procure o relatório de julgamento das contas dos prefeitos pelas câmaras municipais. Por fim, analise os resultados da fiscalização das contas públicas.

Consultando a legislação

A **Constituição da República Federativa do Brasil de 1988** é o conjunto de normas que regem nosso país. É a nossa Carta Magna.

> BRASIL. Constituição (1988). **Diário Oficial da União**, Brasília, DF, 5 out. 1988. Disponível em: <http://www.planalto.gov.br/ccivil_03/constituicao/constituicao.htm>. Acesso em: 6 set. 2020.

A **Lei de Responsabilidade Fiscal (LRF)** determina as normas das finanças públicas voltadas para a responsabilidade na gestão fiscal:

> BRASIL. Lei Complementar n. 101, de 4 de maio de 2000. **Diário Oficial da União**, Poder Legislativo, Brasília, DF, 4 maio 2000. Disponível em: <http://www.planalto.gov.br/ccivil_03/leis/lcp/lcp101.htm>. Acesso em: 6 set. 2020.

A **Lei Anticorrupção**, ou **Lei da Empresa Limpa**, trata da responsabilização de pessoas jurídicas pela prática de atos contra a administração pública.

> BRASIL. Lei n. 12.846, de 1º de agosto de 2013. **Diário Oficial da União**, Poder Executivo, Brasília, DF, 2 ago. 2013. Disponível em: <http://www.planalto.gov.br/ccivil_03/_ato2011-2014/2013/lei/l12846.htm>. Acesso em: 6 set. 2020.

Por fim, destacamos a **Lei n. 10.180, de 6 de fevereiro de 2001**, que organiza e disciplina o planejamento, o orçamento, a administração financeira, a contabilidade e o controle interno no nível federal.

> BRASIL. Lei n. 10.180, de 6 de fevereiro de 2001. **Diário Oficial da União**, Poder Executivo, Brasília, DF, 7 fev. 2013. Disponível em: <http://www.planalto.gov.br/ccivil_03/LEIS/LEIS_2001/L10180.htm>. Acesso em: 6 set. 2020.

Síntese

Neste primeiro capítulo, iniciamos nossa abordagem com os aspectos básicos e conceituais do mecanismo chamado *accountability*.

Vimos que todas as ações dos entes públicos devem ser pautadas por cinco premissas: legalidade, impessoalidade, moralidade, publicidade e eficiência. O *accountability* representa a execução dessas premissas, ou seja, é o instrumento que possibilita uma gestão transparente, com os governantes prestando conta de seus atos.

Desse modo, o *accountability* permite que os cidadãos possam participar de fato dos atos públicos, desde a eleição até o acompanhamento da análise de final de governo. São práticas modernas que tornam a democracia mais próxima da sociedade.

Questões para revisão

1. Imagine que você está explicando a alguém sobre um princípio que existe para estabelecer os bons costumes como regra da administração pública, pois sua inobservância implica um ato viciado, que se torna inválido, já que é considerado ilegal justamente por não ser moralmente aceitável naquela comunidade.

   Esse princípio é o da:

   a. legalidade.
   b. impessoalidade.
   c. moralidade.
   d. publicidade.
   e. eficiência.

2. Uma das formas de *accountability* refere-se aos administradores públicos e ao acesso prioritário aos cargos administrativos por concursos ou equivalentes.

   Trata-se de:

   a. processo político.
   b. processo eleitoral.
   c. regras estatais temporais.
   d. regras estatais intertemporais.
   e. controle institucional durante o mandato.

3. É um instrumento previsto no art. 165 da Constituição Federal de 1988, destinado a organizar e a viabilizar a ação pública, com vistas a cumprir os fundamentos e os objetivos da República. Por meio dele, são declarados o conjunto das políticas públicas do governo para um período de quatro anos e os caminhos que devem ser trilhados para viabilizar as metas previstas.

Esse instrumento é o(a):

a. Plano Diretor (PD).
b. Lei Orçamentária Anual (LOA).
c. Lei de Diretrizes Orçamentárias (LDO).
d. Plano Plurianual (PPA).
e. Lei Orgânica.

4. A administração pública pode ocorrer de forma direta ou indireta. Diferencie esses dois modos de gestão.

5. O *accountability* pode suceder de duas formas, vertical e horizontal. Descreva as características de cada uma.

Questões para reflexão

1. Como você explica o objetivo de uma reunião convocada para discutir a Lei Orçamentária Anual (LOA) de um município? Para que serve esse instrumento?

2. Imagine que você foi convidado para participar de uma reunião que vai discutir a Lei de Diretrizes Orçamentárias (LDO) de seu município. Como você explica a função desse instrumento?

capítulo dois

Responsabilidade dos agentes públicos e dimensões do accountability

Conteúdos do capítulo:

+ Responsabilidade dos agentes públicos.
+ Dimensões do *accountability*.
+ Dos fundamentos aos preceitos legais.
+ Transparência e instrumentos político-gerenciais.
+ Da controlabilidade à responsividade.

Após o estudo deste capítulo, você será capaz de:

1. identificar as responsabilidades dos agentes públicos;
2. reconhecer as dimensões do *accountability*;
3. analisar os instrumentos político-gerenciais de transparência;
4. aplicar os conceitos de responsabilidade e responsividade.

Os agentes públicos são aqueles que executam as ações oriundas de um planejamento de gestão pública. São as pessoas que trabalham no ramo público, como concursados, ocupantes de cargo de comissão ou até mesmo por eleição. Delas são esperadas as boas práticas que visam ao bem-estar social, pois, com base no conjunto dos anseios populares, tomam decisões que impactam o dia a dia. Tais pessoas têm, portanto, deveres, direitos e responsabilidades. Nesse contexto, cabe à população, por meio do mecanismo de *accountability*, acompanhar os passos, atos e intenções dos entes públicos.

Assim, os agentes públicos devem, por meio da aplicação dos princípios da gestão pública, atuar para resolver as demandas sociais, sempre com conhecimento e sem a busca de benesses. O cidadão é o inspetor dessas ações, que visam à melhoria da vida dos contribuintes. Espera-se que o ente público se paute pelos princípios legais da administração pública, inclusive sendo responsabilizado nas esferas administrativa, civil e penal por seus atos.

Na esfera administrativa, cumpre observar:

> Se a conduta inadequada afeta a ordem interna dos serviços e vem caracterizada somente como infração ou ilícito administrativo, cogita-se, então, da responsabilidade administrativa, que poderá levar o agente a sofrer sanção administrativa. Essa responsabilidade é apurada no âmbito da Administração, mediante processo administrativo e a possível sanção é aplicada também nessa esfera. (Medauar, 2011, p. 319)

Já na seara civil, cabe notar:

> Se o agente, por ação ou omissão, dolosa ou culposa, causou dano à Administração, deverá repará-lo, sendo responsabilizado civilmente. A apuração da responsabilidade civil poderá ter início e término no

> âmbito administrativo ou ter início nesse âmbito e ser objeto, depois, de ação perante o Judiciário. (Medauar, 2011, p. 319)

Por fim, no âmbito penal, é preciso considerar a seguinte determinação:

> Se a conduta inadequada do agente afeta, de modo imediato, a sociedade e vem caracterizada pelo ordenamento como crime funcional, o servidor será responsabilizado criminalmente, podendo sofrer sanções penais. A responsabilidade criminal do servidor é apurada mediante processo penal, nos respectivos juízos. (Medauar, 2011, p. 319)

Vamos agora nos aprofundar nesses fundamentos e preceitos legais para, em seguida, examinar os instrumentos de *accountability*.

2.1 Dos fundamentos aos preceitos legais

No que se refere à questão legal, destaca-se a Lei n. 8.429, de 2 de junho de 1992, a Lei de Improbidade Administrativa, que trata das sanções aplicáveis aos entes públicos nos casos de enriquecimento ilícito (Brasil, 1992). Vejamos os oito primeiros artigos dessa lei:

> Art. 1º Os atos de improbidade praticados por qualquer agente público, servidor ou não, contra a administração direta, indireta ou fundacional de qualquer dos Poderes da União, dos Estados, do Distrito Federal, dos Municípios, de Território, de empresa incorporada ao patrimônio público ou de entidade para cuja criação ou custeio o erário haja concorrido ou concorra com mais de

cinquenta por cento do patrimônio ou da receita anual, serão punidos na forma desta lei.

Parágrafo único. Estão também sujeitos às penalidades desta lei os atos de improbidade praticados contra o patrimônio de entidade que receba subvenção, benefício ou incentivo, fiscal ou creditício, de órgão público bem como daquelas para cuja criação ou custeio o erário haja concorrido ou concorra com menos de cinquenta por cento do patrimônio ou da receita anual, limitando-se, nestes casos, a sanção patrimonial à repercussão do ilícito sobre a contribuição dos cofres públicos.

Art. 2º Reputa-se agente público, para os efeitos desta lei, todo aquele que exerce, ainda que transitoriamente ou sem remuneração, por eleição, nomeação, designação, contratação ou qualquer outra forma de investidura ou vínculo, mandato, cargo, emprego ou função nas entidades mencionadas no artigo anterior.

Art. 3º As disposições desta lei são aplicáveis, no que couber, àquele que, mesmo não sendo agente público, **induza ou concorra para a prática do ato de improbidade ou dele se beneficie sob qualquer forma direta ou indireta.**

Art. 4º Os agentes públicos de qualquer nível ou hierarquia **são obrigados a velar pela estrita observância** dos princípios de legalidade, impessoalidade, moralidade e publicidade no trato dos assuntos que lhe são afetos.

Art. 5º Ocorrendo lesão ao patrimônio público por ação ou omissão, dolosa ou culposa, do agente ou de terceiro, dar-se-á o integral ressarcimento do dano.

> Art. 6º No caso de enriquecimento ilícito, perderá o agente público ou terceiro beneficiário os bens ou valores acrescidos ao seu patrimônio.
>
> Art. 7º Quando o ato de improbidade causar lesão ao patrimônio público ou ensejar enriquecimento ilícito, caberá a autoridade administrativa responsável pelo inquérito representar ao Ministério Público, para a indisponibilidade dos bens do indiciado.
>
> Parágrafo único. A indisponibilidade a que se refere o caput deste artigo recairá sobre bens que assegurem o integral ressarcimento do dano, ou sobre o acréscimo patrimonial resultante do enriquecimento ilícito.
>
> Art. 8º O sucessor daquele que causar lesão ao patrimônio público ou se enriquecer ilicitamente está sujeito às cominações desta lei até o limite do valor da herança.
> (Brasil, 1992, grifo nosso)

Notemos que essa lei age sobre os atos do agente público e de quem tem relação com a administração pública, inclusive com penas que consideram, por exemplo, suspensão de direitos políticos, proibição do estabelecimento de contratos com a administração, multa e até mesmo reparação de danos. As penas variam de 3 a 10 anos para crimes como enriquecimento ilícito, prejuízo ao erário e lesão aos princípios de gestão. A aplicação da lei vale para quem comete a infração, bem como para quem dela se beneficia, de forma direta ou indireta.

No tocante à improbidade administrativa, Bernardi e Brudeki (2013, p. 153) explicam que "na Administração Pública, *improbidade* significa de má qualidade, sem moral administrativa, que causa prejuízo ao público, que é prejudicial a toda a coletividade". Assim, agir com improbidade é agir fora do contexto esperado e regulamentado para o servidor público municipal.

Assim se caracterizam as improbidades conforme a Lei n. 8.429/1992:

> Art. 1º Os atos de improbidade praticados por qualquer agente público, servidor ou não, contra a administração direta, indireta ou fundacional de qualquer dos Poderes da União, dos Estados, do Distrito Federal, dos Municípios, de Território, de empresa incorporada ao patrimônio público ou de entidade para cuja criação ou custeio o erário haja concorrido ou concorra com mais de cinquenta por cento do patrimônio ou da receita anual, serão punidos na forma desta lei.
>
> [...]
>
> Art. 9º Constitui ato de improbidade administrativa importando enriquecimento ilícito auferir qualquer tipo de vantagem patrimonial indevida em razão do exercício de cargo, mandato, função, emprego ou atividade nas entidades mencionadas no art. 1º desta lei.
>
> [...]
>
> Art. 10. Constitui ato de improbidade administrativa que causa lesão ao erário qualquer ação ou omissão, dolosa ou culposa, que enseje perda patrimonial, desvio, apropriação, malbaratamento ou dilapidação dos bens ou haveres das entidades referidas no art. 1º desta lei. (Brasil, 1992)

Podemos constatar que a improbidade traz prejuízos à sociedade, principalmente para a população, que deveria ser atendida pelo serviço que sofreu desvirtuação por parte do servidor público.

A charge a seguir ilustra bem os efeitos de atos de improbidade.

Figura 2.1 – *Efeitos da improbidade administrativa*

Evandro Marenda

Essa imagem tematiza a moralidade administrativa, o que é esperado da ação pública, ou seja, da ação dos entes públicos com a sociedade, com as empresas etc. Dessa forma, ampliam-se os princípios, considerando-se também os princípios da segurança jurídica, da motivação, da ampla defesa e do contraditório, da indisponibilidade do interesse público e da continuidade do serviço público.

Destarte, os entes que elaboram e executam as ações devem ter o conhecimento desses princípios, pois o não cumprimento ocasiona um rompimento no equilíbrio esperado na gestão pública. Imagine que você está em uma fila em alguma repartição pública e, assim que chega sua vez, alguém que é amigo do servidor aparece e toma seu lugar no atendimento. Não pode, certo?

Agora, vamos examinar também os deveres do servidor público.

Quadro 2.1 – Deveres do servidor público

Dever	Descrição
Dever de lealdade	É o dever do servidor público de atuar de acordo com o que é esperado dele, com dedicação total às leis e aos interesses do Estado.
Dever de obediência	É o dever do servidor público de obedecer às ordens, quando estas estão na legalidade, agindo assim para a leal execução de seu trabalho.
Dever de probidade	É o dever de integridade, honestidade e retidão que se espera do servidor público em sua atuação.

Fonte: Elaborado com base em Medeiros, 2013.

Vejamos como se caracterizam as responsabilidades do servidor público, segundo a Lei n. 8.112, de 11 de dezembro de 1990 (Brasil, 1991):

Capítulo IV

Das Responsabilidades

Art. 121. O servidor responde civil, penal e administrativamente pelo exercício irregular de suas atribuições.

Art. 122. A responsabilidade civil decorre de ato omissivo ou comissivo, doloso ou culposo, que resulte em prejuízo ao erário ou a terceiros.

§ 1º A indenização de prejuízo dolosamente causado ao erário somente será liquidada na forma prevista no art. 46, na falta de outros bens que assegurem a execução do débito pela via judicial.

§ 2º Tratando-se de dano causado a terceiros, responderá o servidor perante a Fazenda Pública, em ação regressiva.

§ 3º A obrigação de reparar o dano estende-se aos sucessores e contra eles será executada, até o limite do valor da herança recebida.

Art. 123. A responsabilidade penal abrange os crimes e contravenções imputadas ao servidor, nessa qualidade.

Art. 124. A responsabilidade civil-administrativa resulta de ato omissivo ou comissivo praticado no desempenho do cargo ou função.

Art. 125. As sanções civis, penais e administrativas poderão cumular-se, sendo independentes entre si.

Art. 126. A responsabilidade administrativa do servidor será afastada no caso de absolvição criminal que negue a existência do fato ou sua autoria.

Art. 126-A. Nenhum servidor poderá ser responsabilizado civil, penal ou administrativamente por dar ciência à autoridade superior ou, quando houver suspeita de envolvimento desta, a outra autoridade competente para apuração de informação concernente à prática de crimes ou improbidade de que tenha conhecimento, ainda que em decorrência do exercício de cargo, emprego ou função pública.

Segundo a notícia veiculada pela *IstoÉ Dinheiro* em 14 de janeiro de 2020, um ex-prefeito de uma cidade do estado de São Paulo foi condenado por improbidade administrativa pela compra, com dinheiro público, de um terreno em Poá e de uma casa no Guarujá.

Essa notícia ilustra o crime de improbidade administrativa. Com isso, queremos reforçar a necessidade de o gestor se comprometer com os princípios administrativos, principalmente porque o trato público é sempre coletivo; portanto, deve haver zelo e observância às leis e às regras, já que existe uma organização legal das ações políticas.

ESTADÃO CONTEÚDO. Ex-prefeito de Ferraz de Vasconcelos é condenado por improbidade administrativa. **IstoÉ Dinheiro**, 14 jan. 2020. Disponível em: <https://www.istoedinheiro.com.br/ex-prefeito-de-ferraz-de-vasconcelos-e-condenado-por-improbidade-administrativa/>. Acesso em: 6 set. 2020.

2.2 Da transparência e dos instrumentos político-gerenciais

Agora, vamos tratar da transparência e dos instrumentos que a ela concernem para que se observem boas práticas na ação pública. Quando discutimos sobre os controles, em especial o controle social, vimos que este ocorre de forma primária por conta da transparência, do *accountability* e da função política. A transparência é uma forma de prestação de contas. Vejamos o art. 70 da Constituição Federal de 1988, em seu parágrafo único:

> Art. 70. [...]
> Parágrafo único. Prestará contas qualquer pessoa física ou jurídica, pública ou privada, que utilize, arrecade, guarde, gerencie ou administre dinheiros, bens e valores públicos ou pelos quais a União responda, ou que, em nome desta, assuma obrigações de natureza pecuniária.
> (Brasil, 1988)

Dessa forma, a transparência possibilita o "controle mútuo entre os poderes, mas, sobretudo, por meio da prestação de contas que os representantes devem à sociedade e submetendo-se periodicamente ao seu veredicto" (Rocha, 2013, p. 87). Em outras palavras, controle é o exercício do *accountability*, e a transparência é uma de suas ferramentas.

> Se, por um lado, a *accountability* é fundamental para a preservação da democracia, por outro, é indispensável que haja a participação dos cidadãos. Ser cidadão num regime democrático significa possuir uma série de direitos políticos, dentre os quais a prerrogativa de participar

> livremente da escolha de seus governantes e de influir nas suas decisões. Mas significa, também, obrigações, dentre as quais a de participar de atividades de seleção dos governantes e de vigilância sobre as suas ações. (Rocha, 2013, p. 92)

As ferramentas de transparência permitem que os cidadãos possam ter conhecimento das ações e dos atos do governo. Matias-Pereira (2010, p. 51) define os atos da administração pública:

> A atividade concreta e imediata que o Estado realiza para garantir os interesses coletivos, apoiada num conjunto de órgãos e de pessoas jurídicas aos quais a lei atribui o exercício da função administrativa do Estado. O seu objetivo principal é o interesse público, tendo como referência os princípios constitucionais da legalidade, impessoalidade, moralidade, publicidade e eficiência.

Quando se alinha a transparência com os princípios da administração pública, identifica-se o princípio da publicidade – a ferramenta de publicitar os atos do governo, deixando claro aos cidadãos como o governo está agindo.

> Uma construção física que exerce poder simbólico, para além do seu uso metafórico, em práticas discursivas, sobre as maneiras com que os assuntos de negócios privados e públicos devem ser realizados. É essencial alinhar a relação entre transparência, abertura e vigilância governamental. [...] Os governos devem ser os mais abertos possíveis sobre as decisões e ações tomadas. (Heald, 2007 citado por Morais; Teixeira, 2016, p. 87)

Assim, a transparência passa a ser a matéria-prima do controle das ações do governo, o qual pode ser interno, externo e social, como já mencionamos. A transparência é um direito do cidadão e um dever do Estado, como determina a Constituição (Brasil, 1988):

> Art. 5º [...]
>
> XXXIII – todos têm direito a receber dos órgãos públicos informações de seu interesse particular, ou de interesse coletivo ou geral, que serão prestadas no prazo da lei, sob pena de responsabilidade, ressalvadas aquelas cujo sigilo seja imprescindível à segurança da sociedade e do Estado; (Regulamento) (Vide Lei n. 12.527, de 2011)
>
> [...]
>
> Art. 37 [...]
>
> § 3º A lei disciplinará as formas de participação do usuário na administração pública direta e indireta, regulando especialmente:
>
> [...]
>
> II – o acesso dos usuários a registros administrativos e a informações sobre atos de governo, observado o disposto no art. 5º, X e XXXIII; (Incluído pela Emenda Constitucional n. 19, de 1998) (Vide Lei n. 12.527, de 2011)
>
> [...]
>
> Art. 216 [...]
>
> § 2º Cabem à administração pública, na forma da lei, a gestão da documentação governamental e as providências para franquear sua consulta a quantos dela necessitem. (Vide Lei n. 12.527, de 2011)

Tais artigos deram origem à Lei n. 12.527, de 18 de novembro de 2011 (Lei de Acesso à Informação – LAI), que modificou a Lei n. 8.112/1990 e revogou a Lei n. 11.111/2005 e dispositivos da Lei n. 8.159/1991 (Brasil, 2011). O artigo 5º da LAI estabelece: "É dever do Estado garantir o direito de acesso à informação, que será franqueada, mediante procedimentos objetivos e ágeis, de forma transparente, clara e em linguagem de fácil compreensão" (Brasil, 2011).

Portanto, a lei não apenas reforça o compromisso do governo em publicitar suas ações, mas também delimita os procedimentos para que se cumpra a lei. No Brasil, há um índice, denominado **Escala Brasil Transparente** (EBT), assim definida:

> A Escala Brasil Transparente – Avaliação 360º é uma inovação na tradicional metodologia de avaliação da transparência pública adotada pela CGU [Controladoria-Geral da União]. Na EBT – Avaliação 360º houve uma mudança para contemplar não só a transparência passiva, mas também a transparência ativa (publicação de informações na internet). Nesta avaliação foram incorporados aspectos da transparência ativa como a verificação da publicação de informações sobre receitas e despesas, licitações e contratos, estrutura administrativa, servidores públicos, acompanhamento de obras públicas e outras. (Brasil, 2020g)

De 9 de julho de 2018 a 14 de novembro de 2018, foi realizada uma avaliação com os 26 estados brasileiros, o Distrito Federal e 665 municípios:

> Foram avaliados todos os Estados, as capitais e os municípios com mais de 50 mil habitantes (com base nas estimativas de 2017, do IBGE). Ao todo, foram avaliados 691 entes. Para a EBT – Avaliação 360° não foi adotada uma amostra probabilística. Ao avaliar os municípios com mais de 50 mil habitantes, a avaliação contempla os entes nos quais está concentrada a maioria da população brasileira. (Brasil, 2020h)

Vejamos o resultado no mapa a seguir.

Mapa 2.1 – EBT do ano de 2018

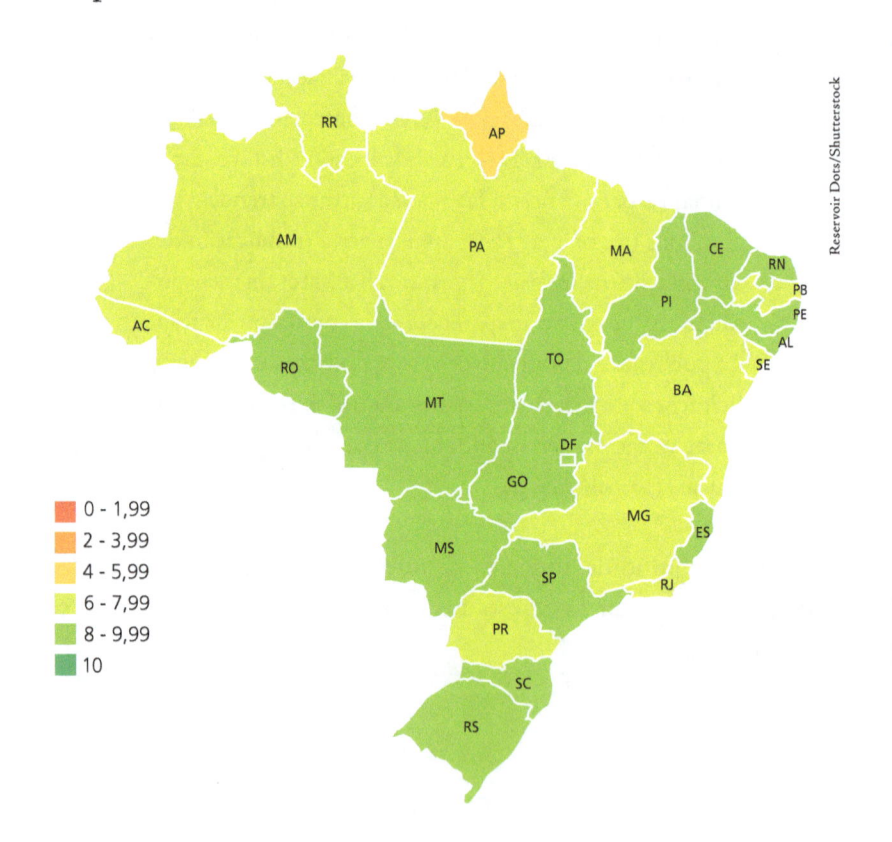

Fonte: Brasil, 2020h.

No mapa anterior, podemos verificar, em elevado grau, que a transparência pública no Brasil já é uma realidade, o que significa que a temática passou a fazer parte da agenda de discussão sobre o papel dos atores públicos e seus atos. A população passou a ter ferramentas de análise e comparação. Conforme a legenda da imagem anterior, que indica as notas de cada estado brasileiro, São Paulo ficou com a nota 8,78 e o Espírito Santo, na mesma região (Sudeste), com a nota 9,25. O que explica essa diferença de 0,47? Questionamentos como este devem motivar os cidadãos a exigir cada vez mais transparência das ações dos entes públicos. No Capítulo 6, vamos nos aprofundar no entendimento da EBT.

> A Escala Brasil Transparente (EBT) é uma metodologia que visa medir a transparência pública em estados e municípios brasileiros. Foi desenvolvida para fornecer os subsídios necessários à Controladoria-Geral da União (CGU) para o exercício das competências atribuídas pelo art. 59 da Lei Complementar n. 101/2000 e pelo art. 41, inciso I, da LAI, assim como pelo art. 68, inciso II, do Decreto n. 7.724/2012 e pelo art. 18, inciso III, do Decreto n. 8.910/2016.
>
> A EBT avalia o grau de cumprimento dos dispositivos da LAI. Suas três versões concentram-se na transparência passiva – por isso, foram feitas solicitações reais de acesso à informação aos entes públicos avaliados. Com essa escala, a CGU pretende aprofundar o monitoramento da transparência pública e gerar um produto que possibilite o acompanhamento das ações empreendidas por estados e municípios no tocante ao direito de acesso à informação.
>
> BRASIL. Controladoria-Geral da União. **Escala Brasil Transparente**: transparência passiva – metodologia. Disponível em: <https://www.gov.br/cgu/pt-br/assuntos/transparencia-publica/escala-brasil-transparente/metodologia>. Acesso em: 6 set. 2020.

Ademais, existem outras leis que servem como parâmetro da ação pública no âmbito federal. Elas estão indicadas no Quadro 2.2, a seguir.

Quadro 2.2 – Leis, decretos e portarias que servem como parâmetro da ação pública no âmbito federal

Lei	Do que se trata	Link
Lei Complementar n. 156, de 28 de dezembro de 2016	"Faz novas revisões nas obrigações de prestação de contas previstas na Lei de Responsabilidade Fiscal." (Portal da Transparência, 2020d)	<http://www.planalto.gov.br/ccivil_03/LEIS/LCP/Lcp156.htm>
Lei Complementar n. 131, de 27 de maio de 2009 – Lei Capiberibe	"Acrescenta dispositivos à Lei Complementar nº 101, de 4 de maio de 2000, que estabelece normas de finanças públicas voltadas para a responsabilidade na gestão fiscal e dá outras providências, a fim de determinar a disponibilização, em tempo real, de informações pormenorizadas sobre a execução orçamentária e financeira da União, dos Estados, do Distrito Federal e dos Municípios." (Portal da Transparência, 2020d)	<http://www.planalto.gov.br/ccivil_03/LEIS/LCP/Lcp131.htm>
Decreto	*Do que se trata*	*Link*
Decreto n. 8.777, de 11 de maio de 2016	"Institui a Política de Dados Abertos do Governo Federal." (Portal da Transparência, 2020d)	<http://www.planalto.gov.br/ccivil_03/_ato2015-2018/2016/decreto/D8777.htm>
Decreto n. 7.724, de 16 de maio de 2012	"Regulamenta a Lei n. 12.527, de 18 de novembro de 2011, que dispõe sobre o acesso a informações previsto no inciso XXXIII do caput do art. 5º, no inciso II do § 3º do art. 37 e no § 2º do art. 216 da Constituição." (Portal da Transparência, 2020d)	<http://www.planalto.gov.br/ccivil_03/_ato2011-2014/2012/Decreto/D7724.htm>

(continua)

(Quadro 2.2 – continuação)

Decreto n. 7.592, de 28 de outubro de 2011	"Determina a avaliação da regularidade da execução dos convênios, contratos de repasse e termos de parceria celebrados com entidades privadas sem fins lucrativos até a publicação do Decreto n. 7.568, de 16 de setembro de 2011, e dá outras providências." (Portal da Transparência, 2020d)	<http://www.planalto.gov.br/CCIVIL_03/_Ato2011-2014/2011/Decreto/D7592.htm>
Decreto n. 7.185, de 27 de maio de 2010	"Dispõe sobre o padrão mínimo de qualidade do sistema integrado de administração financeira e controle, no âmbito de cada ente da Federação, nos termos do art. 48, parágrafo único, inciso III, da Lei Complementar n. 101, de 4 de maio de 2000, e dá outras providências." (Portal da Transparência, 2020d)	<http://www.planalto.gov.br/ccivil_03/_Ato2007-2010/2010/Decreto/D7185.htm>
Decreto n. 6.170, de 25 de julho de 2007	"Dispõe sobre as normas relativas às transferências de recursos da União mediante convênios e contratos de repasse, e dá outras providências." (Portal da Transparência, 2020d)	<http://www.planalto.gov.br/ccivil_03/_Ato2007-2010/2007/Decreto/D6170.htm
Decreto n. 5.482, de 30 de junho de 2005	"Dispõe sobre a divulgação de dados e informações pelos órgãos e entidades da administração pública federal, por meio da Rede Mundial de Computadores – Internet." (Portal da Transparência, 2020d)	<http://www.planalto.gov.br/ccivil_03/_Ato2004-2006/2005/Decreto/D5482.htm>

Portaria	*Do que se trata*	Link
Portaria Interministerial n. 262, de 19 de junho de 2012	"Esta Portaria disciplina o modo de divulgação de informações relativas aos imóveis residenciais de propriedade da União, situados no Distrito Federal e administrados pela Secretaria do Patrimônio da União – SPU." (Portal da Transparência, 2020d)	<https://www.camararubiataba.go.gov.br/res/midias/outros/8e6adcfd8a306fb0c9b941d64838c248.pdf>

(Quadro 2.2 – conclusão)

Portaria Interministerial n. 233, de 25 de maio de 2012	"Disciplina, no âmbito do Poder Executivo Federal, o modo de divulgação da remuneração e subsídio recebidos por ocupante de cargo, posto, graduação, função e emprego público, incluindo auxílios, ajudas de custo, jetons e quaisquer outras vantagens pecuniárias, bem como proventos de aposentadoria e pensões daqueles que estiverem na ativa." (Portal da Transparência, 2020d)	<http://sijut2.receita.fazenda.gov.br/sijut2consulta/link.action?visao=anotado&idAto=38013>
Portaria n. 548, de 22 de novembro de 2010	"Estabelece os requisitos mínimos de segurança e contábeis do sistema integrado de administração financeira e controle utilizado no âmbito de cada ente da Federação, adicionais aos previstos no Decreto n. 7.185, de 27 de maio de 2010." (Portal da Transparência, 2020d)	<https://sisweb.tesouro.gov.br/apex/f?p=2501:9::::9:P9_ID_PUBLICACAO:130>
Portaria n. 516, de 15 de março de 2010	"Institui o Cadastro Nacional de Empresas Inidôneas e Suspensas (CEIS) e dá outras providências." (Portal da Transparência, 2020d)	<http://pesquisa.in.gov.br/imprensa/jsp/visualiza/index.jsp?data=16/03/2010&jornal=1&pagina=2&totalArquivos=72>
Portaria Interministerial n. 140, de 16 de março de 2006	"Disciplina a divulgação de dados e informações pelos órgãos e entidades da Administração Pública Federal, por meio da rede mundial de computadores – internet, e dá outras providências." (Portal da Transparência, 2020d)	<http://www.comprasnet.gov.br/legislacao/portarias/p140_06.htm>

Assim, a transparência na gestão pública passa a fazer parte do dia a dia dos brasileiros, que começam a ter mais informações sobre a atuação do poder público. Vale lembrar que a transparência integra as dimensões do *accountability*, juntamente com as dimensões de controlabilidade, imputabilidade, responsabilidade e responsividade, que vamos discutir na sequência.

2.3 Controlabilidade e imputabilidade

Se o *accountability* é uma forma eficaz de receber a prestação de contas dos entes públicos, é importante entender suas dimensões. Acabamos de discutir a dimensão da necessidade e as ferramentas de transparência. Agora, vamos abordar a controlabilidade, que nos possibilita, com o uso de ferramentas de controle, qualificar nossos debates sobre os atos e as prioridades do governo, bem como atuar no combate à corrupção.

Nesse caso, devemos nos indagar a respeito dos mecanismos de controle que temos sobre os atores públicos, desde os que elegemos até os que fazem carreira pública por meio de concurso. Por exemplo, podemos identificar as medidas que devemos tomar se, ao chegarmos a uma repartição pública, encontrarmos malfeitos.

Dessa maneira, todos os sistemas de combate à corrupção e aos atos de improbidade devem contemplar formas de controle – interno, externo e social. Por isso, quando da criação de ferramentas de *accountability*, é preciso levar em consideração essas questões. Por exemplo, a Lei de Licitações e Contratos, Lei n. 8.666, de 21 de junho de 1993, é uma forma de controle das contratações de ordem pública.

Igualmente, quando se trata do princípio da controlabilidade, no que se refere à atuação dos gestores públicos, cabe considerar:

> O atendimento ao princípio da controlabilidade busca evitar que gestores assumam o risco de fatores incontroláveis, o que poderia afetar negativamente o seu nível de motivação, além de induzir a comportamentos disfuncionais, tais como manipulação de resultados, criação de reservas e miopia gerencial. (Hirst, 1983; Merchant; Van Der Stede, 2003 citados por Aguiar et al., 2012, p. 42)

Assim, os gestores públicos devem ser responsáveis por suas ações e ter o controle de seus atos. A sociedade, por sua vez, deve ter o controle sobre os atos de tais gestores. Logo, a controlabilidade corresponde a uma dimensão do *accountability*, que "nasce com a assunção por uma pessoa da responsabilidade delegada por outra, da qual se exige a prestação de contas, sendo que a análise dessas contas pode levar à responsabilização" (Pinho; Sacramento, 2009, p. 1350).

Desse modo, reforçamos a incumbência dos entes públicos, principalmente os gestores, de responderem e serem avaliados por seus atos em todos os aspectos e em todas as ações que estejam sob seu controle. Isso deve ocorrer para que esses mesmos gestores e agentes públicos sejam avaliados e responsabilizados por suas ações. Com isso, temos a lógica de que hoje, no Brasil, os agentes públicos atuam em instâncias controladas.

Quanto à imputabilidade, os entes públicos devem conhecer suas atribuições e ser conscientes das implicações resultantes de suas ações. Conforme Moreira e Fuks (2018, p. 512), "imputabilidade é um conceito jurídico que pode ser entendido como o conjunto de condições pessoais que dão ao agente a capacidade de responder pela prática de um fato punível, ou seja, que tenha previsão legal", ou seja, dizer que alguém é imputável é dizer que este é responsável por seus atos. Logo, os agentes públicos devem conhecer a legislação atinente a sua alçada, pois, em caso de crime, não será possível alegar desconhecimento.

Portanto, os agentes são responsáveis por seus atos, passíveis de serem descobertos quando há o controle das ações. Assim, a transparência volta a figurar alinhada com a controlabilidade como um mecanismo de inibição de atos corruptos.

> Segundo o Canal Ciências Criminais, foi estabelecida no Brasil a responsabilização do agente por apropriação indébita tributária. Consulte: SILVA JUNIOR, L. de T. da. Responsabilização do agente por apropriação inédita tributária. **Canal Ciências Criminais**, 21 jan. 2020. Disponível em: <https://canalcienciascriminais.com.br/responsabilizacao-do-agente-por-apropriacao-indebita-tributaria/>. Acesso em: 6 set. 2020.

Quando tratamos da imputabilidade na gestão pública, devemos entender que os agentes públicos são dotados de intelecto, competências e habilidades para responder por suas ações. Em outras palavras, têm condições suficientes para conhecer e compreender o caráter ilícito de ações que podem ocorrer por sua ação direta ou mesmo por sua omissão. Em síntese: imputabilidade é a capacidade de o agente saber se está ou não agindo contra os princípios da gestão pública ou indo de encontro às leis. Vejamos o que determina o art. 21 do Código Penal brasileiro:

> Erro sobre a ilicitude do fato
>
> Art. 21. O desconhecimento da lei é inescusável. O erro sobre a ilicitude do fato, se inevitável, isenta de pena; se evitável, poderá diminui-la de um sexto a um terço.
>
> Parágrafo único. Considera-se evitável o erro se o agente atua ou se omite sem a consciência da ilicitude do fato, quando lhe era possível, nas circunstâncias, ter ou atingir essa consciência. (Brasil, 1984)

A lei caracteriza o desconhecimento como inescusável, visto que tanto os cidadãos quanto os agentes públicos têm o dever de conhecer as leis que ornamentam suas vidas. Logo, as dimensões de controlabilidade e imputabilidade do *accountability* chamam a atenção para o dever de conhecimento e de controle dos atos dos agentes públicos.

Com isso, temos a possibilidade de avaliar as intenções que circundam os atos dos agentes públicos:

+ Esse agente pode ser responsabilizado por seus atos, ou seja, é imputável?
+ Esse agente está agindo em sã consciência?
+ A forma como esse agente está agindo é aquela prevista em lei?

Se o agente estiver infringindo a lei em sã consciência, tem a culpabilidade e deve responder pelos seus atos. Isso se estende às organizações, que podem sofrer consequências por conta dos atos de seus responsáveis. Com a explicitação dos atos, é possível "lançar luz sobre a caixa-preta da política" (Schedler, 1999, p. 20, tradução nossa).

Na construção de um instrumento de avaliação e controle do agente púbico, faz-se necessário agir conforme a legalidade esperada pelo controle social, regida por leis, segundo a qual se deve dar publicidade a todos os atos. Os entes são responsáveis por seus atos, e estes devem estar disponíveis para consulta de acordo a LAI.

2.4 *Responsabilidade e responsividade*

Na concepção dimensional do *accountability*, a responsabilidade é um de seus pilares, visto que o agente público tem o dever de executar suas atividades tendo como base os princípios da gestão pública, sendo ele o responsável pelos seus atos. Isso vale para todos os cargos, desde o presidente da República até um agente administrativo em um setor de alvarás da prefeitura. O Quadro 2.3 descreve a responsabilidade por nível do *accountability*.

Quadro 2.3 – Responsabilidade por nível do accountability

Nível	Descrição
Nível 1	Percebe e assume 10% das oportunidades de tomar a responsabilidade para si, deixando os 90% restantes para as "circunstâncias" (os pais, a escola, o chefe, o mercado, etc.). Agem nesse nível crianças mimadas ou adultos com seríssimos problemas de convívio social.
Nível 2	Percebe e assume 20% da responsabilidade, deixando os 80% restantes para as circunstâncias. Agem nesse nível crianças mimadas, adolescentes problemáticos, adultos imaturos ou, em casos mais graves, adultos com Transtornos de Personalidade Narcisista. No DSM esse transtorno está descrito, bem como seus parâmetros para seu diagnóstico. **Entre eles estão:** Sentimento de grandiosidade; o comportamento de não aceitar os próprios erros; culpar os outros pelo problema; falta de empatia, mesmo com os membros da própria família; entre outros.
Nível 3	Percebe e assume 40% da responsabilidade e culpa as circunstâncias por 60% das ocasiões que não a assumiu. Agem nesse nível adultos comuns. Grande parte da sociedade atua dessa forma, com pequenas variações no percentual, dependendo da educação recebida em casa, na escola e principalmente, na "escola da vida". A cultura organizacional do primeiro emprego pode ajudar muito, porque uma "mente fresca" jovem é um terreno em condições de ser cultivado.
Nível 4	Percebe e assume 60% das responsabilidades à sua volta e deixa para as circunstâncias os 40% restantes. As pessoas que agem nesse nível também são pessoas comuns, são adultos normais. Profissionalmente mostram-se motivados. Talvez sejam novos na empresa, ou na função. Se forem colaboradores antigos, podem ter sido motivados por alguma campanha de incentivo pontual, que os transforma temporariamente em colaboradores melhores. Também atuam nesse nível gestores cujas empresas têm "mercado cativo", com poucos concorrentes fortes (às vezes, nenhum), o que lhes permite sobreviver com baixa performance.
Nível 5	Percebe e assume 80% das responsabilidades à sua volta e responsabiliza as circunstâncias por apenas 20% dos seus fracassos ou das responsabilidades recusadas. Agem nesse nível as Pessoas Excelentes, os *Accountables*. Todos nós podemos ser assim, se o desejarmos. Também agem assim os gestores cujas empresas atuam em mercado de alta performance, lidando com fortes concorrentes nacionais e globais.

(continua)

(Quadro 2.3 – conclusão)

Nível	Descrição
Nível 6	Percebe e assume 100% da responsabilidade, não delegando absolutamente nada para outros e jamais responsabilizando as circunstâncias.

Fonte: Cordeiro*, 2019, grifo do original.

A responsabilidade na seara do *accountability* é tão importante que alguns atores afirmam que o *accountability* é o avanço da responsabilidade pessoal, pois esta é uma ferramenta comportamental. A responsabilidade se firma, pois, como o dever moral de responder pelos seus atos, configurando crime quando ocorre o não cumprimento de seus deveres.

> Crime de responsabilidade
>
> A rigor, não é crime, e sim a conduta ou comportamento de inteiro conteúdo político, apenas tipificado e nomeado como crime, sem que tenha essa natureza. A sanção nesse caso é substancialmente política: perda do cargo ou, eventualmente, inabilitação para exercício de cargo público e inelegibilidade para cargo político. A Lei n. 1.079/50 regula o crime de responsabilidade cometido por presidente da República, ministros de Estado e do Supremo Tribunal Federal, governadores e secretários de Estado. O crime de responsabilidade dos prefeitos e vereadores é regido pelo Decreto-Lei n. 201/67. A Constituição elenca como crimes de responsabilidade os atos do presidente da República que atentam contra: a própria Constituição, a existência da União; o livre exercício dos Poderes Legislativo e Judiciário, do Ministério Público e dos estados; o exercício dos direitos

✦ ✦ ✦

* João Cordeiro é autor de dois livros publicados: Accountability – A Evolução da responsabilidade pessoal (2013) e Desculpability – Elimine de vez as desculpas e entregue resultados excepcionais (2015).

> políticos, individuais e sociais; a segurança interna do país; a probidade administrativa; a lei orçamentária; o cumprimento da lei e das decisões judiciais. (Agência Senado, 2020)

Portanto, existem penalidades quando, em exercício público, o agente vai contra os preceitos legais que deve seguir, como no caso do uso de táticas de abuso de poder ou até mesmo violações inerentes ao cargo. Uma dessas penalidades é o *impeachment*, no qual o agente público eleito pode ser afastado do cargo e os agentes públicos de carreira ou em cargos de comissão podem sofrer exoneração.

Desse modo, cabe aos atores públicos observar quais são suas responsabilidades. Vejamos as responsabilidades do presidente da República:

> SEÇÃO III
>
> DA RESPONSABILIDADE DO PRESIDENTE DA REPÚBLICA
>
> Art. 85. São crimes de responsabilidade os atos do Presidente da República que atentem contra a Constituição Federal e, especialmente, contra:
>
> I– a existência da União;
>
> II– o livre exercício do Poder Legislativo, do Poder Judiciário, do Ministério Público e dos Poderes constitucionais das unidades da Federação;
>
> III– o exercício dos direitos políticos, individuais e sociais;
>
> IV– a segurança interna do País;
>
> V– a probidade na administração;
>
> VI– a lei orçamentária;
>
> VII– o cumprimento das leis e das decisões judiciais.

> Parágrafo único. Esses crimes serão definidos em lei especial, que estabelecerá as normas de processo e julgamento.
>
> Art. 86. Admitida a acusação contra o Presidente da República, por dois terços da Câmara dos Deputados, será ele submetido a julgamento perante o Supremo Tribunal Federal, nas infrações penais comuns, ou perante o Senado Federal, nos crimes de responsabilidade.
>
> § 1º O Presidente ficará suspenso de suas funções:
>
> I – nas infrações penais comuns, se recebida a denúncia ou queixa-crime pelo Supremo Tribunal Federal;
>
> II – nos crimes de responsabilidade, após a instauração do processo pelo Senado Federal.
>
> § 2º Se, decorrido o prazo de cento e oitenta dias, o julgamento não estiver concluído, cessará o afastamento do Presidente, sem prejuízo do regular prosseguimento do processo.
>
> § 3º Enquanto não sobrevier sentença condenatória, nas infrações comuns, o Presidente da República não estará sujeito a prisão.
>
> § 4º O Presidente da República, na vigência de seu mandato, não pode ser responsabilizado por atos estranhos ao exercício de suas funções. (Brasil, 1988)

Também é preciso observar o que determina a Lei n. 1.079, de 10 de abril de 1950, que define os crimes de responsabilidade:

> Art. 4º São crimes de responsabilidade os atos do Presidente da República que atentarem contra a Constituição Federal, e, especialmente, contra:
>
> I– A existência da União;

II – O livre exercício do Poder Legislativo, do Poder Judiciário e dos poderes constitucionais dos Estados;

III – O exercício dos direitos políticos, individuais e sociais:

IV – A segurança interna do país;

V – A probidade na administração;

VI – A lei orçamentária;

VII – A guarda e o legal emprego dos dinheiros públicos;

VIII – O cumprimento das decisões judiciárias (Constituição, artigo 89). (Brasil, 1950)

Vejamos, ainda, as responsabilidades dos ministros de Estado:

SEÇÃO IV

DOS MINISTROS DE ESTADO

Art. 87. Os Ministros de Estado serão escolhidos dentre brasileiros maiores de vinte e um anos e no exercício dos direitos políticos.

Parágrafo único. Compete ao Ministro de Estado, além de outras atribuições estabelecidas nesta Constituição e na lei:

I– exercer a orientação, coordenação e supervisão dos órgãos e entidades da administração federal na área de sua competência e referendar os atos e decretos assinados pelo Presidente da República;

II– expedir instruções para a execução das leis, decretos e regulamentos;

III– apresentar ao Presidente da República relatório anual de sua gestão no Ministério;

> IV– praticar os atos pertinentes às atribuições que lhe forem outorgadas ou delegadas pelo Presidente da República.
>
> Art. 88. A lei disporá sobre a criação e extinção de Ministérios e órgãos da administração pública. (Redação dada pela Emenda Constitucional nº 32, de 2001) (Brasil, 1988)

Você já tinha conhecimento dessas atribuições? Alguma vez já pesquisou sobre isso? Incrivelmente, muitas pessoas desconhecem as responsabilidades dos atores públicos e, sem conhecê-las, não é possível fiscalizar e controlar. Por isso, é importante o mecanismo de *accountability* de dar publicidade a essas informações e torná-las inteligíveis aos cidadãos. Para que isso ocorra, é necessário que os atores públicos estejam conscientes de sua responsividade, ou seja, tomem a responsabilidade para si e planejem, ordenem e executem os programas que sejam de interesse da população.

> O conceito de responsividade compreende, então, uma resposta responsável e desta forma entende-se que o indivíduo interage com seu meio, conquistando direitos e garantias individuais que farão dele um cidadão, consciente – em alguma medida – de seu papel político. Dentre os diversos canais de diálogo entre o Estado e o cidadão estão as políticas sociais, campo em que o Brasil vem avançando, desde o artigo 6º da Carta Magna de 1988 até os programas de mitigação das desigualdades das duas últimas décadas, havendo, no entanto, ainda muito a ser feito. (Panhoca; Bonini, 2014, p. 206)

Um ponto importante a ser frisado nas dimensões do *accountability* é que elas servem tanto para os atores públicos quanto para os cidadãos. Transparência, controlabilidade, imputabilidade, responsabilidade e responsividade são – e sempre devem ser – os elementos que vão pautar a relação Estado-sociedade. É a busca da consciência de ação do ator público e do cidadão, visto que a "responsividade do ser humano é constituída em processo de construção da consciência de si mesmo e das suas responsabilidades sociais, processo dinâmico e contínuo que avança na medida em que se alargam as noções de direitos, de deveres e de garantias individuais" (Panhoca; Bonini, 2014, p. 206).

Assim, as dimensões de transparência, controlabilidade, imputabilidade, responsabilidade e responsividade são a base do *accountability* para que seja possível:

- cobrar a prestação de contas, ou seja, a transparência;
- responsabilizar os malfeitos, os desvios e as não conformidades das ações do agente público;
- promover a capacidade do poder público em dar respostas às demandas sociais, em outras palavras, a capacidade responsiva dos agentes.

> *Para saber mais*
>
> Pesquise o trabalho executado pela Controladoria-Geral da União no Portal da Transparência. Lá podemos encontrar diversos materiais, como a execução da receita por órgão, no *link* indicado a seguir.
> PORTAL DA TRANSPARÊNCIA. **Comparativo entre órgãos superiores**. Disponível em: <http://www.portaltransparencia.gov.br/orgaos-superiores>. Acesso em: 6 set. 2020.

Consultando a legislação

A **Lei n. 8.429, de 2 de junho de 1992**, trata das sanções aplicáveis aos agentes públicos nos casos de enriquecimento ilícito.

BRASIL. Lei n. 8.429, de 2 de junho de 1992. **Diário Oficial da União**, Poder Executivo, Brasília, DF, 3 jun. 1992. Disponível em: <http://www.planalto.gov.br/ccivil_03/LEIS/L8429.htm>. Acesso em: 6 set. 2020.

Destacamos também a **Lei n. 12.527, de 18 de novembro de 2011**, que regula o acesso a informações.

BRASIL. Lei n. 12.527, de 18 de novembro de 2011. **Diário Oficial da União**, Poder Legislativo, Brasília, DF, 18 nov. 2011. Disponível em: <http://www.planalto.gov.br/ccivil_03/_ato2011-2014/2011/lei/l12527.htm>. Acesso em: 6 set. 2020.

Por fim, devemos mencionar a **Lei n. 1.079, de 10 de abril de 1950**, que define os crimes de responsabilidade e regula o processo de julgamento:

BRASIL. Lei n. 1.079, de 10 de abril de 1950. **Diário Oficial da União**, Poder Legislativo, Brasília, DF, 12 abr. 1950. Disponível em: <https://www2.camara.leg.br/legin/fed/lei/1950-1959/lei-1079-10-abril-1950-363423-normaatualizada-pl.html>. Acesso em: 6 set. 2020.

Síntese

Neste segundo capítulo, avançamos na análise sobre a importância dos mecanismos de *accountability* para que haja uma gestão pública de excelência. Quando pensamos em gestão, os recursos humanos, que nesse caso são os agentes públicos, devem agir com zelo, sendo responsáveis e tendo responsividade pelos seus atos, sempre com a devida transparência, que implica a prestação de contas de suas atividades.

Não podemos esquecer que tais agentes têm imputabilidade, pois devem conhecer as leis que regem seus atos, suas ações e suas tarefas, zelando pelo devido controle de suas ações e estando abertos aos controles interno e externo dos órgãos de direito, bem como ao controle social.

Um agente público que tenha uma conduta inadequada afeta a prestação de serviços à comunidade. Ao cometer atos de improbidade, está à mercê de receber sanções administrativas, civis e até mesmo penais. A boa prática do agente público é o diferencial para o bom funcionamento da máquina pública, de forma eficiente e transparente, com a devida prestação de contas de seus atos.

Questões para revisão

1. Os entes públicos devem ter ciência de seus atos, pois, se forem contra os preceitos que devem seguir, vão cometer crime de improbidade, como acontece quando um agente público age de modo a causar lesão ao erário, perda patrimonial ou desvio, apropriação e dilapidação de bens, por ação ou omissão, na forma dolosa ou culposa.

   A descrição corresponde aos atos que:

   a. causam prejuízo ao erário.
   b. importam enriquecimento ilícito.
   c. importam enriquecimento lícito.
   d. importam enriquecimento de outrem.
   e. atentam contra os princípios da administração pública.

2. Da mesma forma que devem evitar os atos de improbidade administrativa, os entes públicos devem conhecer os princípios de gestão, como a garantia de conhecimento dos atos processuais pelo acusado e seu direito de resposta ou de reação. Quando há possibilidade de uma pessoa ser atingida por uma decisão, ela deve participar do processo.

Esse é o princípio:

a. da motivação.
b. da segurança jurídica.
c. da supremacia do interesse público.
d. da ampla defesa e do contraditório.
e. da indisponibilidade do interesse público.

3. Avalie as asserções a seguir e a relação proposta entre elas.

   I. Quando pensamos na imputabilidade na gestão pública, entendemos que os agentes públicos são dotados de intelecto, competências e habilidades para responder por suas ações.

   PORQUE

   II. Em outras palavras, os agentes têm condições suficientes de conhecer e compreender o caráter ilícito de ações que podem ocorrer por sua direta ação ou mesmo por sua omissão.

   Agora, assinale a opção correta:

   a. As asserções I e II são verdadeiras, e a II é uma justificativa da I.
   b. As asserções I e II são verdadeiras, mas a II não é uma justificativa da I.
   c. A asserção I é verdadeira, e a II é falsa.
   d. A asserção I é falsa, e a II é verdadeira.
   e. As asserções I e II são falsas.

4. Os servidores públicos devem conhecer seus direitos e deveres, como o dever de lealdade e o de probidade. Explique como se caracterizam tais deveres.

5. Os servidores públicos são responsáveis por seus atos nas searas administrativa e civil e por ações que indiquem improbidade administrativa. Geralmente onde estão descritas tais responsabilidades?

Questões para reflexão

1. As dimensões do *accountability* são transparência, controlabilidade, imputabilidade, responsabilidade e responsividade. Descreva de forma sucinta a responsabilidade administrativa.

2. No que se refere à imputabilidade, vimos que alegar desconhecimento para realizar ações criminosas é algo considerado inescusável. Explique o porquê de o desconhecimento ser imperdoável.

✦ ✦ ✦

capítulo três

Accountability, *práticas de gestão pública, desafios, perspectivas e tendências*

Conteúdos do capítulo:

- Planejamento da gestão pública.
- *Compliance*, governança e gestão participativa na agenda pública.
- A nova gestão pública.
- O processo de participação popular na gestão pública.

Após o estudo deste capítulo, você será capaz de:

1. identificar como se planeja a gestão pública;
2. distinguir a lógica do *compliance*, da governança e da gestão participativa e seus impactos na gestão pública;
3. conceber o papel do novo gestor público na nova gestão pública;
4. utilizar os conceitos de planejamento para analisar as políticas públicas.

Estamos em uma nova era na gestão pública, na qual os cidadãos passam a ser parte do processo de gestão, da elaboração de leis, do desenvolvimento de políticas públicas etc. A sociedade está clamando por uma gestão eficiente e transparente, em que os princípios sejam executados com maestria.

O cidadão passou a conhecer a agenda pública e, por meio dos mecanismos de *accountability*, torna-se peça-chave nos atos dos entes públicos. Ora explicita suas demandas, ora avalia sua execução. É um novo mundo em que a transparência, o planejamento das ações, o controle e a auditoria se fazem presentes e necessários.

Ao entender como funcionam os mecanismos e os preceitos da gestão pública, o cidadão compreende seu papel e seu raio de ação e de atuação ante as realizações do governo, e este passa a se estruturar para atender às necessidades da população por meio de uma gestão eficiente, um controle assíduo e auditorias para rever ou potencializar seus atos.

Este terceiro capítulo é o mais extenso deste livro, pois embasa os dois primeiros e os três seguintes, caracterizando-se como um capítulo de transição.

3.1 *Planejamento, controle e auditoria*

Antes de abordarmos o tema do planejamento, vamos tratar um pouco de gestão. Um grande pensador do passado que se chamava Jules Henri Fayol (1841-1925), ou simplesmente Henri Fayol, afirmava que o gestor tem quatro funções, conhecidas pelo acrônimo **PODC**, que significa:

- Planejar os objetivos e os meios para seu alcance.
- Organizar os recursos: pessoas, materiais, insumos, tecnologia etc.

- Dirigir e liderar os recursos humanos.
- Controlar a execução dos atos, a fim de verificar os resultados e, se necessário, fazer correções.

O gestor faz uso dessas ferramentas para elaborar ações para a gestão da empresa. O primeiro passo é o planejamento, e a empresa se organiza para cumpri-lo e estar de acordo com ele.

Assim, cabe ao gestor estabelecer os objetivos da organização, delineá-los de forma estrutural para que possam ser alcançados, motivar os colaboradores em suas tarefas e, por fim, criar controles para verificar a melhoria contínua.

Nesse processo do fluxo do **PODC**, é esperado que o executor – do planejamento, da organização, da direção ou do controle – tenha conhecimento, perspectiva, julgamento e atitude, conforme explicitado na Figura 3.1.

Figura 3.1 – Fatores para operação do fluxo de PODC

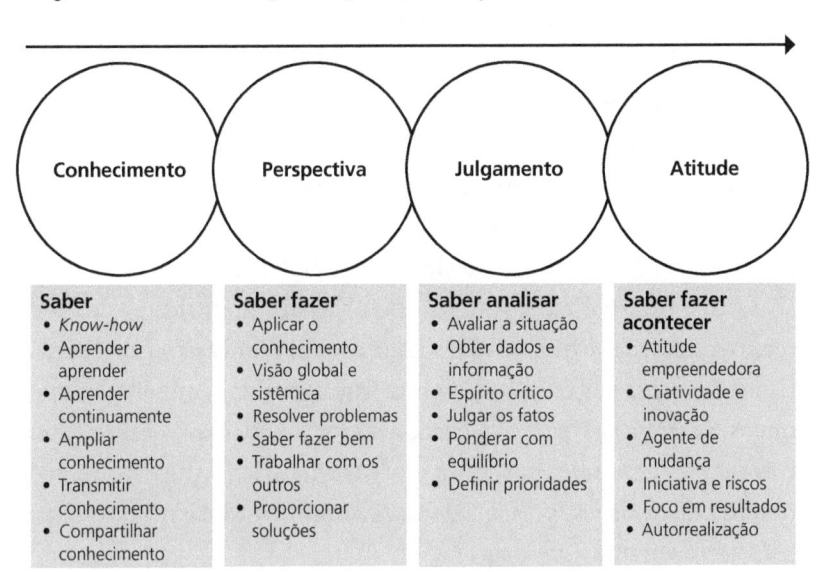

Conhecimento	Perspectiva	Julgamento	Atitude
Saber	**Saber fazer**	**Saber analisar**	**Saber fazer acontecer**
• Know-how	• Aplicar o conhecimento	• Avaliar a situação	• Atitude empreendedora
• Aprender a aprender	• Visão global e sistêmica	• Obter dados e informação	• Criatividade e inovação
• Aprender continuamente	• Resolver problemas	• Espírito crítico	• Agente de mudança
• Ampliar conhecimento	• Saber fazer bem	• Julgar os fatos	• Iniciativa e riscos
• Transmitir conhecimento	• Trabalhar com os outros	• Ponderar com equilíbrio	• Foco em resultados
• Compartilhar conhecimento	• Proporcionar soluções	• Definir prioridades	• Autorrealização

Fonte: Chiavenato, 2014, p. 5.

Esse é o fluxo de funcionamento do PODC. Ocorre de uma forma lógica, ou seja, não é possível controlar o que não foi planejado; se algo saiu do controle, vai gerar novo planejamento. Assim, para planejar algo segundo uma visão sistêmica, faz-se necessário o saber, isto é, é preciso aplicar o conhecimento, ver como as partes se interconectam e julgar os procedimentos a serem adotados para depois gerenciar a mudança e promover a comunicação no ambiente organizacional interno e externo.

Logo, o gestor pode e deve se utilizar das funções de PODC em conjunto com a população, e o *accountability* pode ser incluído, pois sua premissa é fazer com que a gestão pública seja mais transparente e traga bons ganhos para toda a sociedade. O Plano Plurianual, comentado no Capítulo 1, é um bom exemplo de que a população pode fazer parte da gestão, com ferramentas de controle. Afinal, nada mais estratégico do que ouvir quem de fato precisa dos serviços públicos.

Dessa forma, o gestor é aquele que consegue desenvolver as habilidades humanas e profissionais para a atuação nas empresas. No caso específico dos gestores das organizações públicas, eles precisam desenvolver também as habilidades públicas, ou seja, entender qual o papel social da organização na prestação dos serviços públicos. Isso porque não se constitui em objetivo do Estado auferir lucro, e sim prestar um serviço de excelência à população.

Outro ponto é fazer uso do PODC para identificar e alocar recursos, pessoas e funções para lidar com mudanças e situações de risco. As organizações são sistemas que agem em ambientes dinâmicos e complexos, por isso é importante monitorar os resultados e avaliar os desempenhos, sempre de forma ética e responsável na tomada de decisões, pois a organização influencia e é influenciada pelo meio em que está inserida.

Por fim, vale ressaltar que, em uma lógica pública, as funções de planejar, organizar, dirigir e controlar diferem da ótica da organização privada. Por exemplo, um setor de expedição de alvarás de uma prefeitura, além de necessitar de controle por parte da prefeitura, também é fiscalizado pela respectiva câmara de vereadores. Seu funcionamento deve seguir a lei, como o Código de Defesa do Usuário do Serviço Público (CDU), que nasceu por meio da Lei n. 13.460, de 26 de junho de 2017 (Brasil, 2017b).

Podemos alinhar a lógica do PODC com o ciclo de criação de uma política pública:

> As políticas públicas são uma resposta do Estado às necessidades do coletivo que, por meio do desenvolvimento de ações e programas, objetivam o bem comum e a diminuição da desigualdade social. Esses programas e ações precisam ser estruturados de maneira funcional e sequencial para tornar possível a produção e organização do projeto. (Andrade, 2016)

Ainda segundo Andrade (2016), o **ciclo das políticas públicas** leva em consideração:

> - A participação de todos os atores públicos e privados na elaboração das políticas públicas, ou seja, governantes, políticos, trabalhadores e empresas;
> - O poder que esses atores possuem e o que podem fazer com ele;
> - O momento atual do país no aspecto social (problemas, limitações e oportunidades);
> - Organização de ideias e ações.

Vejamos agora como se estrutura esse ciclo segundo o *site* do Politize!.

> O *site* Politize! é uma organização não governamental que tem o objetivo de formar uma geração de cidadãos conscientes e comprometidos com a democracia. Acesse: <https://www.politize.com.br/>.

Figura 3.2 – *Ciclo das políticas públicas*

```
              AVALIAÇÃO
           ↗            ↘
IMPLEMENTAÇÃO          FORMAÇÃO
     ↑                 DA AGENDA
                          ↓
PROCESSO DE            FORMULAÇÃO
TOMADA DE              DE POLÍTICAS
DECISÃO
           ↖            ↙
```

Fonte: Andrade, 2016.

A primeira fase do ciclo de uma política pública é a **formação da agenda**, que é o planejamento do que será feito. Na segunda fase, ocorre a **formulação da política** com a apresentação das possibilidades do que será efetuado e de como poderá ser realizada a política pública. Na terceira fase, delineia-se o **processo de tomada de decisão**, no qual se definem todas as soluções identificadas na fase anterior e se decide a política que passará pela **implementação** na fase seguinte e, depois, pela **avaliação.**

Tanto o gestor público quanto a população devem conhecer esse ciclo, já que programas e projetos nascem de políticas públicas, como o fornecimento de remédio grátis.

Espera-se que o gestor seja capaz de integrar os diversos conceitos e aplicações relativos às atividades e ao processo de planejamento, bem como de adotar ferramentas eficazes na gestão das políticas públicas. Também é esperado que a população possa participar de todo esse processo.

Uma ferramenta interessante é o **planejamento estratégico situacional (PES)**, que, segundo Queiroz (2012, p. 126), considera "estratégicas as relações de poder entre os diversos atores sociais envolvidos no processo, ou seja, incorpora a variável política como determinante para a viabilidade das políticas públicas". Para o autor,

> O PES é uma metodologia situacional, pois lida com uma realidade dinâmica, complexa e cheia de surpresas. É um planejamento em constante reformulação, que não pressupõe um final preestabelecido, com uma forma exata. Para o PES, é possível planejar, mas não é possível prever com absoluta exatidão os resultados, pois a realidade não é estática, está sujeita a imprevisto. (Queiroz, 2012, p. 129)

Esse trecho explicita que há uma necessidade de planejamento, porém com a consciência de que na sociedade (nas sociedades democráticas, claro) não há uma estabilidade estrutural, isto é, novas demandas vão aparecendo, e o gestor público deve estar antenado para dar as respostas, principalmente na elaboração de programas de governo.

De acordo com Queiroz (2012, p. 130-131, grifo nosso), os princípios do PES são os seguintes:

> a. **Planeja quem governa e governa quem realmente planeja.** Esse método elimina a dicotomia existente entre um ator que governa e uma equipe técnica encarregada do planejamento. As diretrizes e a linha de

ação são definidas pelo próprio governante segundo prioridades e políticas. No PES, os técnicos em planejamento devem trabalhar junto com o governante, assessorando-o em cada momento da ação.

b. **Não tem um caráter determinístico.** Os objetivos e as metas não são rígidos. Pressupõem estar atuando em um jogo social, realizando apostas que são feitas com base em benefícios futuros presumidos devido à incerteza do jogo e também à existência de outros jogos sociais que ocorrem simultaneamente e que influem no jogo em que se planeja.

c. **O plano deverá considerar sempre a existência do outro.** Deve considerar também as reações que este apresentará em cada etapa do jogo social, que ocorrem sempre em função de seus valores, crenças e interesses.

d. **É necessário mecanismos que garantam a implementação do programa.** Isso pode ser feito por um monitoramento permanente da execução do plano. O programa só será terminado quando os resultados estiverem o mais próximo possível dos objetivos propostos.

e. **Para funcionar, o programa necessita de um efetivo sistema de cobrança e de prestação de contas.** Os envolvidos devem ter as responsabilidades claramente estabelecidas e devem prestar contas de desempenho.

> *Para saber mais*
>
> Para entender melhor o jogo social, sugerimos buscar informações sobre a teoria dos jogos. Leia o material indicado a seguir.
> SRTINI, B. A. Uma introdução à teoria dos jogos. Universidade Federal da Bahia, 2004. Disponível em: <https://www.ime.usp.br/~rvicente/IntroTeoriaDosJogos.pdf>. Acesso em: 6 set. 2020.

Tais princípios podem ser entendidos pela aplicação do PES. No caso da gestão pública, os atores são a população, os cidadãos.

Quadro 3.1 – Quatro momentos do PES

Fase	O que ocorre
Primeira etapa: momento explicativo	"Propõe estratégias para identificar, descrever e explicar os problemas, considerando informações objetivas como dados quantitativos, normas e rotinas, mas também informações subjetivas como a percepção dos diversos atores sobre os problemas analisados. Para Matus, há três tipos de problema, tendo como referência tempo, significado e natureza do resultado para um ator: ameaças, ou seja, o risco "potencial de perder uma conquista ou agravar uma situação"; oportunidades, como possibilidades que podem ser aproveitadas ou desperdiçadas; e problemas, identificados como deficiências que provocam desconforto, inquietação e exigem enfrentamento."
Segunda etapa: a momento normativo	"Propõe a definição de objetivos e resultados a alcançar, bem como a previsão de estratégias e ações necessárias para seu alcance. Essa etapa – nominada por Teixeira de desenho da situação-objetivo – requer análise das tendências de natureza política, econômica e social que poderão influenciar o contexto assistencial, definindo cenários favoráveis ou desfavoráveis à implementação do modelo gerencial. […] O planejamento requer aqui que se observem obstáculos e oportunidades internas e externas, bem como o tempo que a resolução dos problemas requer e o tempo próprio do período de gestão."

(continua)

(Quadro 3.1 – conclusão)

Fase	O que ocorre
Terceira etapa: momento estratégico	"Enfatiza a importância de analisar recursos econômicos, administrativos e políticos, necessários e/ou disponíveis. A partir dos objetivos traçados, devem ser previstos projetos de intervenção, estabelecendo sua sequência temporal, bem como os efeitos esperados. Nesse momento, são revisados os nós críticos selecionados e sua interação com os demais problemas identificados na matriz explicativa. A análise dos recursos políticos avalia a motivação dos atores para se engajar e comprometer no processo. Reconhece a existência de conflitos de interesse e disputa por posições de poder que emergem nos processos de decisão, especialmente quando estes requerem mudanças de concepções e práticas. Matus salienta que as forças sociais lutam por objetivos próprios, resultando na coexistência de planos em conflito ou em competição e de vários fins possíveis para uma mesma situação. O gestor deve identificar nesse processo brechas que sinalizem necessidades e possibilidades de intervir, elaborando projetos dinamizadores que catalisem recursos e energias, viabilizando a implementação das estratégias e ações propostas. Planejar junto com e não para outros atores requer uma postura dialógica, superando-se a concepção normativa do deve ser, e incorporando como possibilidades o pode ser e a vontade de fazer. Como desafios de aprendizagem se colocam aqui competências de investigação, pois requer do estudante aprender a fazer perguntas pertinentes, ouvir e valorizar o que os outros dizem, ao invés de provar que tem todas as respostas, e que estas são as únicas válidas."
Quarta etapa: momento tático-operacional	"Prevê a programação da implementação das propostas, incluindo cronograma, recursos, atores responsáveis e participantes na execução. É essencial ainda rever os objetivos, definindo estratégias e parâmetros de acompanhamento e avaliação, seja dos resultados, seja do processo, reconhecendo-se a necessidade de flexibilizar o planejamento, mas garantindo sua efetividade e eficácia. Neste sentido, é necessário prever momentos de análise das informações e de revisão das ações e dos recursos programados, assegurando não apenas a visibilidade do processo aos atores envolvidos, mas também a capacidade gerencial e assistencial de adaptar-se e adequar-se frente a situações imprevistas."

Fonte: Kleba; Krauser; Vendruscolo, 2011, p. 187-189.

Qualquer política, programa, plano ou ação pública, toda ação do poder público e todo serviço público devem ser planejados. Para planejar, devem-se conhecer os aspectos que envolvem os problemas ou as situações a serem resolvidos. Segundo Queiroz (2012, p. 134), "organizar a gestão governamental para solucionar problemas da sociedade implica incorporar a multissetorialidade e a cooperação entre as organizações governamentais" – e isso significa criar mecanismos de participação. Uma vez planejado, organiza-se, direcionam-se as pessoas e, principalmente, controla-se. Afinal, como saber se o serviço está sendo do agrado da população interessada? Esse conhecimento só será acessível se houver alguma forma de mensuração. Para isso, dispõe-se da auditoria, que deve ser realizada com foco no atendimento dos interesses coletivos.

Portanto, "auditoria é o exame independente e objetivo de uma situação ou condição, em confronto com um critério ou padrão preestabelecido, para que se possa opinar ou comentar a respeito para um destinatário predeterminado" (Carvalho Neto, 2011, p. 12). É por meio da auditoria, interna ou externa, que a população toma conhecimento dos atos do governo e fica a par do que de fato está ocorrendo em relação ao planejado ou previsto em lei. Assim, é uma obrigação constante a prestação de contas por parte dos entes públicos.

> A "obrigação constante de prestação de contas" a que se refere Peters, denomina-se relação de *accountability* e representa o processo de contínua demonstração, por parte do agente, de que sua gestão está alinhada às diretrizes previamente fixadas pelo principal. Ou seja, o agente deve prestar contas de sua atuação a quem o fez a delegação [sic] e responde integralmente por todos os atos que praticar no exercício desse mandato.

> O termo *accountability* representa mais do que o dever de prestar contas. Não é só a "obrigação de informar", o agente deve cultivar o "desejo de informar".
>
> É com base na teoria da agência que o escritório do Auditor-Geral do Canadá (OAG) conceitua auditoria no modo lato sensu como **"a ação independente de um terceiro sobre uma relação de *accountability*, objetivando expressar uma opinião ou emitir comentários e sugestões sobre como essa relação está sendo obedecida".** (Carvalho Neto, 2011, p. 16-17, grifo do original)

A auditoria constitui-se, pois, em um instrumento de governança que visa assegurar a devida aplicação das leis e dos atos esperados dos agentes públicos. Vejamos, na Figura 3.3, como se concretiza essa relação com o *accountability* na lógica pública.

Figura 3.3 – Relação entre accountability *e* auditoria *no setor público*

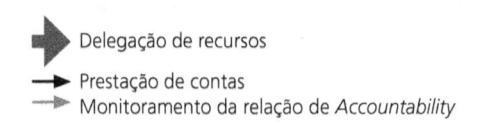

➡ Delegação de recursos
→ Prestação de contas
⇢ Monitoramento da relação de *Accountability*

Sociedade	Poder Legislativo	Gestores públicos
Principal	Representante do Principal	Agentes

Auditoria

Fonte: Carvalho Neto, 2011, p. 18.

Na lógica privada, essa relação se estrutura tal como representado na Figura 3.4.

Figura 3.4 – Relação entre accountability *e auditoria no setor privado*

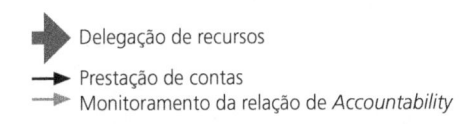

➡ Delegação de recursos
➡ Prestação de contas
⇢ Monitoramento da relação de *Accountability*

```
┌─────────────┐     ┌─────────────────┐     ┌──────────────────┐
│ Acionistas  │  ➡  │   Conselho de   │  ➡  │Diretoria executiva│
│  Principal  │  ⬅  │  Administração  │     │     Agentes       │
│             │     │  Representante  │     │                   │
└─────────────┘     └─────────────────┘     └──────────────────┘
             ⬆           ⬆    ⬇
             └──────────── Auditoria ⬅──────────┘
```

Fonte: Carvalho Neto, 2011, p. 18.

O Quadro 3.2 apresenta a síntese explicativa dessas relações.

Quadro 3.2 – Relação entre setores público e privado no accountability

Relação	Explicação
Setor público	"No setor público, o poder legislativo é quem representa os interesses do cidadão. Assim, é este poder que assume o papel de principal na relação de *accountability* que se estabelece entre o Estado e os gestores públicos de um modo geral. No entanto, a exemplo do que ocorre no setor privado, a auditoria deve trabalhar numa perspectiva de que o seu cliente final são os cidadãos, verdadeiros proprietários dos recursos transferidos ao Estado para realização do bem comum."
Setor privado	"Numa empresa privada, os recursos são aportados pelos acionistas, proprietários, que elegem um conselho de administração para representar seus interesses. O conselho de administração assume, assim, o papel de principal na relação de *accountability* que se estabelece com a direção da entidade (presidente e diretores, estes os agentes). Apesar de se reportar ao conselho de administração, na condição de representante dos acionistas, a auditoria deve trabalhar numa perspectiva de que seu cliente final são os próprios acionistas, verdadeiros proprietários dos recursos delegados, pois, em última instância, são deles os interesses que estão sendo verificados."

Fonte: Carvalho Neto, 2011, p. 18-19.

Logo, a auditoria é de extrema importância para o *accountability*, pois aponta as possíveis falhas, bem como serve como indicador de análise da gestão e até mesmo como elemento inibidor de malfeitos, visto que o agente público saberá que suas ações serão auditadas.

> O entendimento sobre para quem a auditoria monitora uma relação de *accountability* é fundamental para se entender questões como o posicionamento ou a subordinação do órgão de auditoria, a natureza de seus reportes, os princípios básicos que orientam a sua atuação, tais como a independência, a objetividade, a ética e a imparcialidade de seus julgamentos e opiniões. (Carvalho Neto, 2011, p. 19)

Sobre a auditoria, ainda é preciso considerar a classificação por tipos: auditoria de avaliação da gestão, auditoria de acompanhamento da gestão, auditoria contábil, auditoria operacional e auditoria especial (Justen, 2005 citado por Lima, 2012). Essas categorias estão descritas a seguir.

> I – **Auditoria de Avaliação da Gestão:** esse tipo de auditoria objetiva emitir opinião com vistas a certificar a regularidade das contas, verificar a execução de contratos, acordos, convênios ou ajustes, a probidade na aplicação dos dinheiros públicos e na guarda ou administração de valores e outros bens da União ou a ela confiados.
>
> II – **Auditoria de Acompanhamento da Gestão:** realizada ao longo dos processos de gestão, com o objetivo de se atuar em tempo real sobre os atos efetivos e os efeitos potenciais positivos e negativos de uma unidade ou entidade federal, evidenciando melhorias e economias existentes no processo ou prevenindo gargalos ao desempenho da sua missão institucional.

III – **Auditoria Contábil:** compreende o exame dos registros e documentos e na coleta de informações e confirmações, mediante procedimentos específicos, pertinentes ao controle do patrimônio de uma unidade, entidade ou projeto.

IV – **Auditoria Operacional:** consiste em avaliar as ações gerenciais e os procedimentos relacionados ao processo operacional, ou parte dele, das unidades ou entidades da administração pública federal, programas de governo, projetos, atividades, ou segmentos destes, com a finalidade de emitir uma opinião sobre a gestão quanto aos aspectos da eficiência, eficácia e economicidade.

V – **Auditoria Especial:** objetiva o exame de fatos ou situações consideradas relevantes, de natureza incomum ou extraordinária, sendo realizadas para atender determinação expressa de autoridade competente. Classificam-se nesse tipo os demais trabalhos auditoriais não inseridos em outras classes de atividades. (Justen, 2005 citado por Lima, 2012, p. 37)

Dessa forma, os tipos e os níveis de auditoria servem para que se possa garantir que os controles internos estão em pleno funcionamento, verificando a conformidade dos atos públicos. Segundo o art. 14 do Decreto n. 3.591, de 6 de setembro de 2000,

> Art. 14. As entidades da Administração Pública Federal indireta deverão organizar a respectiva unidade de auditoria interna, com o suporte necessário de recursos humanos e materiais, com o objetivo de fortalecer a gestão e racionalizar as ações de controle.
>
> Parágrafo único. No caso em que a demanda não justificar a estruturação de uma unidade de auditoria interna,

> deverá constar do ato de regulamentação da entidade o desempenho dessa atividade por auditor interno.
> (Brasil, 2000a)

A auditoria é algo de extrema relevância, porém muitos a confundem com *compliance*. Esses dois instrumentos se complementam. Juntamente com a governança e a gestão participativa, são ferramentas de interface entre os entes públicos e a sociedade.

3.2 Compliance, *governança e gestão participativa*

Vimos que a auditoria ocorre após as ações dos entes públicos e que o controle é feito durante esse processo. Mas como é possível assegurar que as coisas vão sair conforme o planejado? Para isso, existe o mecanismo de **compliance**, que, em uma tradução livre para o português, equivaleria a "conformidade". O *compliance* compreende técnicas, táticas para que se faça cumprir leis, procedimentos, processos etc. É "um conjunto de regras, padrões, procedimentos éticos e legais, que, uma vez definido e implantado, será a linha mestra que orientará o comportamento da instituição no mercado em que atua, bem como a atitude dos seus funcionários" (Candeloro; Rizzo; Pinho, 2012, p. 30). Para Neves (2018, p. 25, grifo nosso),

> *Compliance* constitui-se de um **conjunto de práticas administrativas** que objetivam assegurar a adesão da empresa à legislação em geral, a um código de conduta, políticas e princípios. Acontece não somente com medidas preventivas, mas implica também a atividade de detectar as violações e posteriormente responder, aplicando sanções às eventuais violações. Vale reiterar que *compliance* implica em prevenir, detectar e responder.

O Decreto n. 8.420, de 18 de março de 2015, que regulamenta a Lei n. 12.846, de 1º de agosto de 2013 e dispõe sobre a responsabilização administrativa de pessoas jurídicas nos atos contra a administração pública, nacional ou estrangeira, apresenta a definição legal do programa de *compliance*:

> Art. 41. Para fins do disposto neste Decreto, programa de integridade consiste, no âmbito de uma pessoa jurídica, no **conjunto de mecanismos e procedimentos internos de integridade, auditoria e incentivo à denúncia de irregularidades** e na aplicação efetiva de códigos de ética e de conduta, políticas e diretrizes com objetivo de detectar e sanar desvios, fraudes, irregularidades e atos ilícitos praticados contra a administração pública, nacional ou estrangeira.
>
> Parágrafo único. O programa de integridade deve ser estruturado, aplicado e atualizado de acordo com as características e riscos atuais das atividades de cada pessoa jurídica, a qual por sua vez deve garantir o constante aprimoramento e adaptação do referido programa, visando garantir sua efetividade. (Brasil, 2015, grifo nosso)

Para o Conselho Administrativo de Defesa Econômica (Cade), *compliance* "é um conjunto de medidas internas que permite prevenir ou minimizar os riscos de violação às leis decorrentes de atividade praticada por um agente econômico e de qualquer um de seus sócios ou colaboradores" (Brasil, 2016b, p. 9).

> Um programa de *compliance* raramente abarcará a legislação pertinente a apenas um setor ou endereçará apenas um tipo de preocupação. O mais comum é que os

programas tratem simultaneamente de diversos aspectos e diplomas normativos. Por isso, cada agente econômico deve levar em consideração suas próprias particularidades quando da implementação de um programa de *compliance*. Nos casos em que as áreas de exposição são múltiplas, a maior efetividade será garantida na medida em que o *compliance* concorrencial seja desenvolvido e implementado não isoladamente, mas sim como parte de um programa mais amplo e abrangente de integridade e ética corporativas. (Brasil, 2016b, p. 9-10)

Se aplicarmos esse conceito à lógica pública, poderemos vislumbrar que o *compliance* visa dar legitimidade às relações do governo com o próprio governo, com outras instâncias do poder público e com a sociedade. Em outras palavras, seu objetivo é o cumprimento dos preceitos legais que devem regrar as relações públicas. É um refinado código de conduta.

Vejamos os quatro pilares do Programa de Integridade da Controladoria Geral da União (Brasil, 2020i, grifo do original):

> O "**Comprometimento e Apoio da Alta Administração**" apresenta as medidas de integridade desenvolvidas pela estrutura de governança e pela alta administração da CGU que evidenciam o seu comprometimento com o desenvolvimento e a melhoria contínua do Programa de Integridade. Essas ações, já realizadas ou futuras, podem envolver desde a revisão de funções ou de estruturas organizacionais ao fomento de boas práticas e princípios éticos.
>
> Esse eixo relaciona as principais ações realizadas pela alta administração no âmbito do Plano de Integridade da CGU, além das futuras ou em andamento no ano de 2018. [...]

O eixo "**Unidade Responsável pela Implementação do Programa de Integridade**" trata das instâncias de integridade da CGU e as ações sob sua responsabilidade. A metodologia utilizada nessa categoria objetivou identificar, principalmente, oportunidades de fortalecimento para o desempenho das atividades das instâncias existentes e avaliar áreas/funções necessárias, mas ainda inexistentes, à manutenção do Programa de Integridade da CGU.

Estão elencadas ações relacionadas à Comissão de Ética; Ouvidoria Interna; Corregedoria Interna; Auditoria Interna; e agentes de integridade. [...]

O "**Gerenciamento de Riscos à Integridade**" é um dos fundamentos que torna o plano sustentável, a partir: da prevenção, detecção, punição e remediação de eventos que confrontem ou ameacem os princípios éticos e a adoção do monitoramento de controles internos que auxiliem no alcance dos objetivos da CGU e preservem a boa imagem e a confiança da sociedade no órgão. Esse gerenciamento obedece às diretrizes da Política de Gestão de Riscos e às etapas previstas na Metodologia de Gestão de Riscos.

Na CGU, é evento relacionado a corrupção, fraudes, irregularidades e/ou desvios éticos e de conduta, que possa comprometer os valores e padrões preconizados pela Instituição e a realização de seus objetivos. [...]

As "**Estratégias de Monitoramento**" objetivam acompanhar as ações previstas neste Plano de Integridade e aprovadas pela Alta Administração, com vistas a avaliar os resultados alcançados pelo Programa. No escopo do monitoramento contínuo, incluem-se as medidas de tratamento dos riscos à integridade, as iniciativas de capacitação de líderes e colaboradores, as medidas

> de fortalecimento das instâncias relacionadas ao tema e os meios de comunicação e reporte utilizados pelo Programa.
>
> Além disso, deve-se estabelecer as iniciativas para a comunicação e o reporte dos resultados desse monitoramento, promovendo a transparência sobre as ações do Programa de Integridade.

Segundo o Cade (Brasil, 2016b), os benefícios de implantação de um programa de *compliance* são os seguintes:

- **Prevenção de riscos**: "A adoção de programas de *compliance* identifica, mitiga e remedia os riscos de violações da lei, logo de suas consequências adversas" (Brasil, 2016b, p. 11).
- **Identificação antecipada de problemas**: "A conscientização promovida pelos programas de *compliance* acerca das condutas indesejadas permite a identificação de violações à lei mais rapidamente, favorecendo pronta resposta pela organização" (Brasil, 2016b, p. 12).
- **Reconhecimento de ilicitudes em outras organizações**: "A conscientização promovida pelos programas de *compliance* permite que os funcionários identifiquem sinais de que outras organizações, como concorrentes, fornecedores, distribuidores ou clientes, possam estar infringindo a lei" (Brasil, 2016b, p. 12).
- **Benefício reputacional**: "Ações afirmativas de incentivo à conformidade com a lei são parte essencial de uma cultura de ética nos negócios, que resulta em benefícios para a reputação da organização e sua atratividade para fins promocionais, de recrutamento e de retenção de colaboradores" (Brasil, 2016b, p. 13).

- **Conscientização dos funcionários:** "Colaboradores cientes das 'regras do jogo' estão em melhor posição para fazer negócios sem receio de violar as leis, assim como para procurar assistência caso identifiquem possíveis questões concorrencialmente sensíveis" (Brasil, 2016b, p. 13).
- **Redução de custos e contingências:** "A adoção de um programa de *compliance* pode evitar que as empresas incorram em custos e contingências com investigações, multas, publicidade negativa, interrupção das atividades, inexequibilidade dos contratos ou cláusulas ilegais, indenizações, impedimento de acesso a recursos públicos ou de participação em licitações públicas, etc." (Brasil, 2016b, p. 13).

A Figura 3.5 sintetiza os preceitos necessários para a implantação de um programa de *compliance*.

Figura 3.5 – Preceitos do compliance

Vejamos o que Silveira e Saad-Diniz (2015, p. 255, grifo nosso) afirmam sobre esses preceitos:

> [O *compliance*] Orienta-se, em verdade, pela **finalidade preventiva**, por meio da programação de uma série de condutas (condução de cumprimento) que estimulam a diminuição dos riscos da atividade. Sua estrutura é pensada para incrementar a capacidade comunicativa da pena nas relações econômicas ao combinar estratégia de defesa da concorrência leal e justa com as estratégias de prevenção de perigos futuros.

Logo, os preceitos do *compliance* vão ao encontro das necessidades de uma gestão pública mais próxima da sociedade, cujas ações visem ao bem-estar comum, com a possibilidade de o cidadão fazer parte do processo de gestão pública, tornando-se transparentes os regulamentos, as regras, os padrões e as políticas adotadas pelo ente público. Assim, ter um programa de *compliance* é ter uma gestão transparente.

A seguir, o Quadro 3.3 explicita como se deve fazer a implantação de um programa de *compliance*.

Quadro 3.3 – Etapas de implantação de um programa de compliance

Etapa	Ações
1º	Elaborar um código de conduta.
2º	Engajar todas as pessoas da equipe para que tenham conhecimento do código e o sigam como um guia.
3º	Abrir canais para que sejam enviadas possíveis denúncias.
4º	Deixar clara a importância de que as ações devem ocorrer em conformidade com os preâmbulos constantes no código de conduta.

> Acesse o *site* da Corregedoria do Estado do Paraná e confira o Programa Estadual de Integridade e *Compliance* lançado pelo governo paranaense. PARANÁ. Controladoria Geral do Estado. **Programa Estadual de Integridade e Compliance**. Disponível em: <http://www.cge.pr.gov.br/Pagina/Programa-Estadual-de-Integridade-e-Compliance>. Acesso em: 6 set. 2020.

Outro conceito importante é o de **governança**. Primeiramente, vamos considerar as definições a seguir para depois nos aprofundarmos no tema.

> **Governança**
> O termo governança se refere ao processo de direção e controle realizado pelo governo, pelo mercado ou por redes, sobre qualquer tipo de organização (públicas ou privadas/formais ou informais), sistema, território etc. (BEVIR, 2012, p. 1). A governança está relacionada a quaisquer processos de coordenação social, razão pela qual não se limita à forma hierárquica e verticalizada, baseada no controle direto e formal, típico do governo do Estado. (Vieira; Barreto, 2019, p. 17)
>
> **Governança corporativa**
> A governança corporativa ou das sociedades é o sistema pelo qual as sociedades (empresariais, civis, públicas) são dirigidas e controladas, com a finalidade de promover valor aos proprietários (*shareholders*) e/ou partes interessadas (*stakeholders*) e assegurar a sua sustentabilidade (IBGC, 2018). A governança compreende a garantia dos direitos das partes proprietárias e interessadas, a estrutura de poder e de relações entre seus órgãos e o sistema normativo que rege as relações internas e externas das sociedades (ROSSETTI; ANDRADE, 2016, p. 138). A governança está centrada nos processos de direção

e controle das organizações, abordando a distribuição de direitos e responsabilidades entre seus integrantes, as regras e procedimentos para tomada de decisão e a definição dos meios para alcançar os objetivos e os instrumentos para controlar o desempenho (OCDE, 1999; CADBURY COMMITTEE, 1992; SHLEIFER; VISHNY, 1997). (Vieira; Barreto, 2019, p. 21)

Governança pública
A governança pública corresponde aos processos por meio dos quais os atores sociais interagem para estabelecer padrões de coordenação social, responsáveis pelas estruturas de cooperação social necessárias para resolver os problemas públicos complexos do Estado. São os processos interativos por meio dos quais a sociedade e a economia são dirigidos em favor de objetivos coletivos comuns (TORFING et al., 2012; ANSELL; TORFING, 2016, p. 5). Essa forma de metagovernança extrapola os limites dos sistemas organizacionais que caracterizam a governança corporativa dos órgãos de agência do setor público, social ou privado, pois é a governança pública que regula o funcionamento e o ambiente institucional no qual essas organizações atuam (os mercados, o setor social, a estrutura governamental etc.). (Vieira; Barreto, 2019, p. 27)

Portanto, a governança é uma forma de gestão na qual a sociedade passa a ser o foco da prestação de serviço com excelência. Aliás, o Brasil tem um decreto específico para tratar dessa temática: o Decreto n. 9.203, de 22 de novembro de 2017, que, em seu art. 2º, inciso I, apresenta a governança pública como "conjunto de mecanismos de liderança, estratégia e controle postos em prática para avaliar, direcionar e monitorar a gestão, com vistas à condução de políticas públicas e à prestação de serviços de interesse da sociedade" (Brasil, 2017a). Para Vieira e Barreto (2019, p. 28),

> A governança pública atual combina algumas características (BEVIR, 2010). Primeiro, integra modos hierárquicos (governo), competitivos (mercado) e colaborativos (terceiro setor) de coordenação social, borrando as fronteiras entre os parceiros governamentais e da sociedade civil do Estado. Segundo, abarca múltiplas jurisdições de atuação, colaborando simultaneamente em nível local, regional, nacional e internacional. Terceiro, reconhece a atuação de uma pluralidade de partes interessadas (*stakeholders*) que interagem em rede em iniciativas de interesse comum para a resolução dos problemas públicos. Em suma, adota um modo híbrido, de múltiplas jurisdições em complexas redes de colaboração para coordenar socialmente as comunidades políticas (*polities*).

O Decreto n. 9.203/2017 identifica os princípios da governança pública:

> Art. 3º São princípios da governança pública:
> I – capacidade de resposta;
> II – integridade;
> III – confiabilidade;
> IV – melhoria regulatória;
> V – prestação de contas e responsabilidade; e
> VI – transparência. (Brasil, 2017a)

Já tratamos dessas temáticas, ficando clara a disposição por uma gestão pública mais cidadã, que presta conta de seus atos e visa ao bem-estar de todos.

A seguir, o Quadro 3.4 apresenta os princípios da boa governança propostos pelo Banco Mundial, tal como constam no documento intitulado *Referencial básico de governança aplicável a órgãos e entidades da administração pública*, do Tribunal de Contas da União (TCU).

Quadro 3.4 – *Princípios da boa governança propostos pelo Banco Mundial*

Princípio	Significado
Legitimidade	"princípio jurídico fundamental do Estado Democrático de Direito e critério informativo do controle externo da administração pública que amplia a incidência do controle para além da aplicação isolada do critério da legalidade. Não basta verificar se a lei foi cumprida, mas se o interesse público, o bem comum, foi alcançado. Admite o ceticismo profissional de que nem sempre o que é legal é legítimo".
Equidade	"promover a equidade é garantir as condições para que todos tenham acesso ao exercício de seus direitos civis – liberdade de expressão, de acesso à informação, de associação, de voto, igualdade entre gêneros –, políticos e sociais – saúde, educação, moradia, segurança".
Responsabilidade	"diz respeito ao zelo que os agentes de governança devem ter pela sustentabilidade das organizações, visando sua longevidade, incorporando considerações de ordem social e ambiental na definição dos negócios e operações".
Eficiência	"é fazer o que é preciso ser feito com qualidade adequada ao menor custo possível. Não se trata de redução de custo de qualquer maneira, mas de buscar a melhor relação entre qualidade do serviço e qualidade do gasto".
Probidade	"trata-se do dever dos servidores públicos de demonstrar probidade, zelo, economia e observância às regras e aos procedimentos do órgão ao utilizar, arrecadar, gerenciar e administrar bens e valores públicos. Enfim, refere-se à obrigação que têm os servidores de demonstrar serem dignos de confiança".

(continua)

(Quadro 3.4 – conclusão)

Princípio	Significado
Transparência	"caracteriza-se pela possibilidade de acesso a todas as informações relativas à organização pública, sendo um dos requisitos de controle do Estado pela sociedade civil. A adequada transparência resulta em um clima de confiança, tanto internamente quanto nas relações de órgãos e entidades com terceiros".
Accountability	"As normas de auditoria da Intosai conceituam *accountability* como a obrigação que têm as pessoas ou entidades às quais se tenham confiado recursos, incluídas as empresas e organizações públicas, de assumir as responsabilidades de ordem fiscal, gerencial e programática que lhes foram conferidas, e de informar a quem lhes delegou essas responsabilidades [...]. Espera-se que os agentes de governança prestem contas de sua atuação de forma voluntária, assumindo integralmente as consequências de seus atos e omissões".

Fonte: Brasil, 2014, p. 33-34.

Ao analisarmos tais premissas, constatamos que a governança pública visa garantir que as ações do governo estejam alinhadas com os anseios e as demandas da sociedade. O cidadão passa a ser central nessas ações, desde sua participação nas políticas até a cobrança de que haja uma prestação de contas, que "retroalimenta o sistema de governança a partir do controle social da atividade administrativa. Dar centralidade ao cidadão é, nesse caso, permitir que exerça a cidadania de forma proativa, fiscalizando e apontando eventuais desvios" (Brasil, 2018a, p. 51).

Assim, espera-se que haja um governo aberto para a participação dos cidadãos, com uma estrutura de **gestão participativa**, a qual, como o próprio nome indica, possibilita que a sociedade participe das decisões do governo. Lembra-se do PODC? Então, é a prática de incluir os cidadãos em cada uma das funções de gestão.

> Gestão Participativa quer significar que a base de qualquer modelo de democratização nas unidades produtivas envolve a participação coletiva nos processos de decisão e de controle sobre os elementos constitutivos da gestão do processo e da organização do trabalho, embora nem toda forma de participação signifique a prática da democracia [...]. Embora pareça óbvio, o fato é que não existe democracia sem participação coletiva, mas nem toda participação coletiva significa democracia. (Faria, 2009, p. 15)

O Brasil vem tendo diversos avanços no que se refere à participação da sociedade na gestão pública, principalmente após a Constituição de 1988, a partir da qual se criaram conselhos gestores, audiências públicas para consultas populares, orçamento participativo e assim por diante. O Plano Plurianual (PPA), a Lei Orçamentária Anual (LOA) e a Lei de Diretrizes Orçamentárias (LDO) são exemplos de oportunidades em que a população é convocada a participar das decisões que moldarão sua vida; é o ápice da democracia.

> a participação significa "fazer parte", "tomar parte", "ser parte" de um ato ou processo, de uma atividade pública, de ações coletivas. Referir "a parte" implica pensar o todo, a sociedade, o Estado, a relação das partes entre si e destas com o todo e, como este não é homogêneo, diferenciam-se os interesses, aspirações, valores e recursos de poder. (Teixeira, 2001, p. 27)

Portanto, cabe ao ente público criar condições para que a sociedade possa se manifestar, pois o cidadão tem o direito de participar das decisões em todos os níveis, ou seja, do nível federal ao municipal, perpassando seu bairro e até mesmo sua rua.

> A dimensão e o significado desta mudança são enormes porque não se trata apenas de "introduzir o povo" em práticas de gestão pública, como preconizava as propostas da democracia com participação comunitária nos anos 80, quando a ideia da participação vinculava-se à apropriação simples de espaços físicos. Trata-se agora de mudar a ótica do olhar, do pensar e do fazer; alterar os valores e os referenciais que balizam o planejamento e o exercício das práticas democráticas. (Gohn, 2002, p. 7)

A seguir, o Quadro 3.5 apresenta os principais instrumentos de gestão participativa no Sistema Único de Saúde (SUS).

Quadro 3.5 – Gestão estratégica e participativa no SUS

"A participação da comunidade no SUS acontece, nos municípios, por meio de canais institucionalizados – ou seja, previstos por leis ou normas do SUS –, como as Conferências Municipais de Saúde, os Conselhos Municipais de Saúde, os Conselhos Gestores de Serviços ou, ainda, por meio de espaços comunitários como a escola, associação de moradores e no interior dos movimentos sociais e populares que compõem a comunidade. Outras formas de exercício do controle social internos ao SUS são as mesas de negociação trabalhista, a direção colegiada, a institucionalização de ouvidorias, auditorias e do monitoramento e avaliação da gestão do SUS."	
Conferências de saúde	"As Conferências de Saúde vão se reunir pelo menos a cada quatro anos com a representação dos vários segmentos sociais de forma paritária e têm o papel de avaliar as ações e serviços e propor as diretrizes para a formulação da política de saúde no município."

(continua)

(Quadro 3.5 – conclusão)

Conselhos de saúde	"Os Conselhos de Saúde são espaços permanentes que têm a atribuição de propor, aprovar ou reprovar as diretrizes para a gestão municipal da saúde, além de fiscalizar se o gestor e os prestadores de serviços estão fazendo sua parte para garantir a atenção à saúde e contribuir com a promoção da intersetorialidade entre as diversas políticas sociais como educação, segurança pública, limpeza urbana, entre outras. A Lei nº 8.142/1990 (BRASIL, 1990b) estabelece a paridade dos Conselhos de Saúde, que têm por objetivo garantir a representatividade de todos os setores envolvidos na saúde (gestor, prestador, profissional e usuário). Ao mesmo tempo, a Lei estabelece que os usuários tenham 50% dos representantes."	
Auditorias	"Um dos mecanismos de controle no SUS é a auditoria, que elabora relatórios sobre o sistema de saúde local. A auditoria pode ser acionada pelo cidadão comum a partir de denúncia, Ministério Público, Tribunal de Contas, Conselho de Saúde e Ministério da Saúde, contribuindo para garantia do acesso e atenção à saúde aos usuários e em defesa da vida pautada na visão do coletivo."	
Monitoramento e avaliação dos planos de saúde	"O monitoramento e avaliação de Planos de Saúde, do Relatório de Gestão e do Termo de Compromisso de Gestão do Pacto pela Saúde contribuem decisivamente para a qualificação da gestão do SUS, por promover a construção de processos estruturados e sistemáticos, coerentes com os princípios do SUS, integrado de forma permanente e contínua ao próprio processo de governar, fundamentando a tomada cotidiana de decisões estratégicas."	
Ouvidorias	"As ouvidorias municipais do SUS são ferramentas estratégicas de promoção da cidadania em saúde e produção de informações que subsidiam a tomada de decisão."	

Fonte: Brasil, 2009b, p. 17-18.

Cabe destacar quão interessante é a criação de comitês específicos para a população negra, LGBT, em situação de rua, entre outras. Isso ocorre para que seja possível um melhor atendimento aos mais diversos públicos.

> Segundo o *site* da Prefeitura de Imperatriz (MA), foi realizada uma audiência pública de mobilização participativa para discutir as ações do Plano Plurianual 2018/2021. Veja mais detalhes no *link* indicado a seguir. CASTRO, W. **Prefeitura realiza Audiência Pública de Mobilização Participativa**. 23 jun. 2017. Disponível em: <https://www.imperatriz.ma.gov.br/noticias/planejamento/prefeitura-realiza-audiencia-publica-de-mobilizacao-participativa.html>. Acesso em: 6 set. 2020.

Nos dias atuais, a democracia está se fazendo presente na sociedade, e não apenas na época das eleições, mas em todas as ocasiões em que se faz necessária sua participação. São novos tempos, tempos da nova administração pública.

3.3 *Uma nova forma de conceber a gestão: a nova administração pública*

Como já afirmamos, estamos vivendo uma nova fase da gestão pública, a qual identificamos como **nova gestão pública (NGP)**, que deriva da proposta dos estudos da *New Public Management* (NPM).

> A NGP foi estruturada como um paradigma da gestão que se caracterizou por adaptar ferramentas da gestão empresarial privada ao manejo de assuntos públicos e propôs uma prestação de serviços ajustada às necessidades dos cidadãos, com enfoque em eficiência, competência e efetividade. Essa postura valeu como crítica, pois, por trás de sua "historicidade", não se alcançava uma superação de velhos paradigmas, mas a reiteração da perda de conceitos de Estado e administração pública, como estruturas e conjunto de regulações historicamente situadas; conceitos cujo entendimento resultava

> situadas; conceitos cujo entendimento resultava inevitável no momento de pensar/construir a especificidade da gestão do público em cada sociedade.
>
> Além das debilidades próprias da postura, o desafio da NGP deixou importantes aprendizados, como a necessidade de incorporar certos ingredientes que são destacados como básicos para a modernização do setor público e que não estavam presentes com suficiente entidade no modelo anterior, tais como a eficiência, a democratização do serviço público e certa flexibilização organizacional. (Acuña; Chudnovsky, 2017, p. 15-16)

Logo, a NGP vai além de atender aos requisitos da administração pública de legalidade, impessoalidade, moralidade, publicidade e eficiência; engloba também elementos de gestão das organizações privadas. A seguir, o Quadro 3.6 descreve três mecanismos da NGP.

Quadro 3.6 – Três mecanismos da NGP

Primeiro	"A adoção de uma administração pública voltada para resultados, baseada em mecanismos de contratualidade da gestão, com metas, indicadores e formas de cobrar os gestores, e apoiada na transparência das ações governamentais, possibilitando o controle maior dos cidadãos e o uso de outros instrumentos de *accountability*."
Segundo	"A contratualidade supõe, ademais, a existência de uma pluralidade de provedores de serviços públicos – aquilo que Bradach e Eccles (1989) chamam, de um modo plural, de governança (*plural mode of governance*). Desse modo, é possível estabelecer formas contratuais de gestão em estruturas estatais e entes públicos não estatais."
Terceiro	"Por fim, a combinação entre a flexibilização da gestão burocrática e o aumento da responsabilização da administração pública será mais bem-sucedida caso funcionem adequadamente os mecanismos institucionais de controle (CLAD, 2000)."

Fonte: Sano; Abrucio, 2008, p. 66.

> Segundo Sano e Abrucio (2008, p. 66), as ideias da NGP chegaram ao Brasil no primeiro governo de Fernando Henrique Cardoso, em 1995, quando foi criado o Ministério da Administração e Reforma do Estado (Mare), sob o comando do ministro Luiz Carlos Bresser-Pereira, e proposto o Plano Diretor da Reforma do Aparelho do Estado, que apresentou um diagnóstico da administração pública federal, pautado, em boa medida, pelas ideias da NGP.

A soma dos elementos do quadro anterior com os preceitos-base da administração pública caracteriza a profissionalização da gestão nas organizações públicas, a qual deve permear o ciclo de construção de uma política pública, que vai da identificação do problema a ser solucionado até a avaliação de sua execução, visto que essas políticas têm como base os serviços a serem prestados aos usuários.

O *blog* do Colab, uma *startup* de engajamento cidadão, gestão colaborativa e inovação para governo, apresenta cinco eixos que caracterizam a transição da velha para a nova gestão pública:

1. Transição de uma gestão fechada para uma gestão mais transparente e comunicativa com o cidadão;
2. Transição de ações fragmentadas, onde as diferentes secretarias não dialogavam, para uma gestão integrada, trabalhando bastante a intersetorialidade e as políticas públicas que envolvem diferentes secretarias e atores;
3. Transição de uma gestão reativa para uma gestão responsiva, que através de dados e planejamento age para evitar que os problemas aconteçam;

4. Transição de uma gestão isolada para uma gestão cocriativa, que observa os desafios enfrentados por outras entidades para compreender e trocar aprendizados;

5. Transição de rígida para experimental, entendendo que há espaço para testar, errar e aprender. (Afinal..., 2019)

Assim, considerando-se o exemplo dos serviços públicos, aqueles que se apresentam com a pretensão de serem executados com excelência devem ter a participação do usuário, e seus gestores devem trabalhar de forma integrada com os diversos órgãos que formam o poder público, pois são eles que vão liderar essa mudança.

Agora, vejamos a consolidação dos princípios e das diretrizes da NGP no Quadro 3.7.

Quadro 3.7 – Princípios e diretrizes da NGP

Princípios	Diretrizes
Foco em público-alvo claro e inequívoco	Orientar a administração pública para o cidadão/público-alvo
	Resgatar a esfera pública como instrumento do exercício da cidadania
Orientação para resultados	Adotar visão sistêmica e de longo prazo
	Obter alinhamento entre recursos alocados e resultados
	Ter seletividade nas ações e na alocação de recursos críticos
	Dar atenção à singularidade e à complexidade das situações concretas
Flexibilidade administrativa	Agir em tempo hábil
	Estar de prontidão, estimular o empreendedorismo e a proximidade da ação gerencial
	Obter compromissos e responsabilização

(continua)

(Quadro 3.7 – conclusão)

Princípios	Diretrizes
Valorização e comprometimento profissional	Ter métodos de gestão de pessoas modernos e orientados para resultados
	Estimular a inovação com foco na geração de valor para a sociedade
Controle Social	Reforçar o Espírito público
	Trabalhar para e com a sociedade
	Ter transparência nas ações e nas prestações de contas

Fonte: Neves; Guimarães; Júnior, 2017, p. 9-10.

Na prestação de um serviço de excelência, a execução deve ter qualidade, ou seja, o serviço deve ser ofertado da forma como o usuário precisa, no tempo em que o usuário precisa, e esse pressuposto se amplia para todas as instâncias do governo. Por exemplo, hoje muitas prefeituras criam aplicativos para agendamento de consultas eletivas médicas, isto é, consultas que não são nem de urgência, nem de emergência. Isso contribui para a melhor utilização da estrutura e dos recursos públicos, bem como acaba com as filas que concentram inúmeros cidadãos, que não sabem se serão atendidos ou não.

Mas como criar programas de serviços públicos municipais de excelência? Para isso, é preciso dispor de instrumentos de avaliação que apontem quais características dos serviços devem ser potencializadas e quais devem ser corrigidas.

3.4 Participação do cidadão e avaliação da gestão pública

Para ilustrarmos como o cidadão deve participar da gestão pública, vamos tomar como exemplo a prestação dos serviços públicos contemplados na Lei n. 13.460/2017, que é o Código de Defesa do Usuário do Serviço Público (CDU), já mencionado neste capítulo.

CAPÍTULO III
DAS MANIFESTAÇÕES DOS USUÁRIOS DE SERVIÇOS PÚBLICOS

Art. 9º Para garantir seus direitos, o usuário poderá apresentar manifestações perante a administração pública acerca da prestação de serviços públicos.

Art. 10. A manifestação será dirigida à ouvidoria do órgão ou entidade responsável e conterá a identificação do requerente.

§ 1º A identificação do requerente não conterá exigências que inviabilizem sua manifestação.

§ 2º São vedadas quaisquer exigências relativas aos motivos determinantes da apresentação de manifestações perante a ouvidoria.

§ 3º Caso não haja ouvidoria, o usuário poderá apresentar manifestações diretamente ao órgão ou entidade responsável pela execução do serviço e ao órgão ou entidade a que se subordinem ou se vinculem.

§ 4º A manifestação poderá ser feita por meio eletrônico, ou correspondência convencional, ou verbalmente, hipótese em que deverá ser reduzida a termo.

§ 5º No caso de manifestação por meio eletrônico, prevista no § 4º, respeitada a legislação específica de sigilo e proteção de dados, poderá a administração pública ou sua ouvidoria requerer meio de certificação da identidade do usuário.

§ 6º Os órgãos e entidades públicos abrangidos por esta Lei deverão colocar à disposição do usuário formulários simplificados e de fácil compreensão para a apresentação do requerimento previsto no caput, facultada ao usuário sua utilização.

§ 7º A identificação do requerente é informação pessoal protegida com restrição de acesso nos termos da Lei nº 12.527, de 18 de novembro de 2011.

Art. 11. Em nenhuma hipótese, será recusado o recebimento de manifestações formuladas nos termos desta Lei, sob pena de responsabilidade do agente público.

Art. 12. Os procedimentos administrativos relativos à análise das manifestações observarão os princípios da eficiência e da celeridade, visando a sua efetiva resolução.

Parágrafo único. A efetiva resolução das manifestações dos usuários compreende:

I – recepção da manifestação no canal de atendimento adequado;

II – emissão de comprovante de recebimento da manifestação;

III – análise e obtenção de informações, quando necessário;

IV – decisão administrativa final; e

V – ciência ao usuário. (Brasil, 2017b)

É assegurada por lei a manifestação dos usuários, e um bom gestor é aquele que se antecipa às futuras demandas. Assim, ele deve criar mecanismos de interação com os usuários – hoje, com o advento da tecnologia e das redes sociais, essa tarefa tem sido facilitada. Ademais, isso pode ser expandido para vários âmbitos da gestão pública, como na formulação do PPA ou do Plano Diretor (PD).

Segundo o art. 40 da Lei n. 10.257, de 10 de julho de 2001 (Brasil, 2001b), que é o Estatuto da Cidade, o PD, aprovado por lei municipal, é o instrumento básico da política de desenvolvimento e expansão urbana.

Um meio interessante de cooptar a participação atualmente, por conta dos avanços das tecnologias, é o uso das redes sociais. Aliás, inúmeros órgãos do governo têm perfil nas principais redes sociais atuantes no Brasil. Com isso, os entes públicos conseguem saber a opinião dos cidadãos a respeito de qualquer temática, conhecer o perfil e a rede de contato dos usuários, saber onde eles estão demograficamente, como se comportam em relação a diversos fatores, quem os influencia e quem eles influenciam. Também é possível medir o nível de interação.

> No governo, o monitoramento de mídias sociais pode subsidiar a elaboração de políticas públicas, pois permite uma avaliação rápida e de baixo custo das opiniões, atitudes e sentimentos das pessoas e permite a identificação de diferenças entre os diferentes grupos de cidadãos e também de líderes de opinião digitais (geralmente associados a partes interessadas importantes). [...]
>
> Por meio da análise do material proveniente das mídias sociais, os gestores públicos têm a possibilidade de instrumentalizar os interesses dos cidadãos para o desenvolvimento de políticas públicas mais efetivas e que supram ou até mesmo superem as necessidades da sociedade.
> (Santana; Souza, 2017, p. 103)

De acordo com o portal Campo Grande News, a Prefeitura de Curitiba, capital do estado do Paraná, carinhosamente chamada de *Prefs*, é um sucesso nas redes sociais.

ARAÚJO, A. Sucesso na internet, o que a Prefs de Curitiba pode nos ensinar sobre Facebook? **Campo Grande News**, 28 maio 2015. Disponível em: <https://www.campograndenews.com.br/lado-b/comportamento-23-08-2011-08/sucesso-na-internet-o-que-a-prefs-de-curitiba-pode-nos-ensinar-sobre-facebook>. Acesso em: 6 set. 2020.

Dessa forma, as redes sociais passam a ser uma excelente ferramenta de participação cidadã, por meio da qual seus anseios podem ser transformados em projetos de leis e em serviços. Além disso, pelas redes sociais, os cidadãos podem obter conhecimento da qualidade da gestão governamental e conhecer seus indicadores de avaliação ou mesmo avaliar os atos do poder público.

Portanto, o segredo da prestação de um serviço de qualidade, que possa atender a sociedade da "forma mais ágil e eficiente, com satisfatória capacidade de resolução dos problemas cotidianos do cidadão" (Bernardi; Brudeki, 2013, p. 118), é fruto de uma avaliação constante dessa execução de serviços.

Vimos anteriormente as funções do gestor, ou seja, **p**lanejar, **o**rganizar, **d**irigir e **c**ontrolar, o **PODC**. Nesse contexto, criar indicadores é avaliar o processo para potencializar os aspectos positivos e corrigir as possíveis falhas. Já deixamos clara a importância do controle, por meio inclusive de auditorias que analisem a qualidade da gestão pública.

> No processo de gestão das políticas públicas, os indicadores são necessários para o monitoramento e a avaliação dos resultados obtidos, sempre tendo em vista que, no âmbito de avaliação das políticas públicas, mais importante que "medir" os resultados é saber se a sociedade está satisfeita com eles, pois, no ambiente democrático contemporâneo, a relação do Estado com a sociedade é uma relação de parceria. Nesse contexto, avaliar uma política pública é fundamentalmente "medir" a sua efetividade. (Queiroz, 2012, p. 201)

Todo programa de governo deve nascer de um problema, ou seja, deve ter um motivo pelo qual deve existir. Com esse diagnóstico, elaboram-se os objetivos e indicam-se os elementos de acompanhamento. Em seguida, coloca-se o programa em prática, ou seja, ele é executado por meio das ações planejadas. Por fim, são analisados os resultados e os impactos do programa. Vejamos, na Figura 3.6, um modelo de programa que demonstra que a gestão pública deve implementar ferramentas de avaliação.

Figura 3.6 – Exemplo de programa de governo

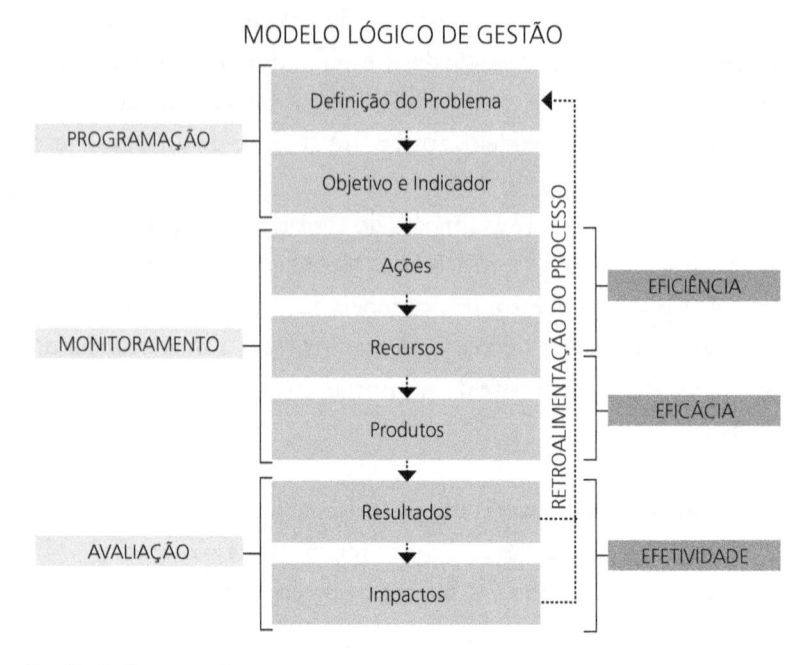

MODELO LÓGICO DE GESTÃO

PROGRAMAÇÃO
- Definição do Problema
- Objetivo e Indicador

MONITORAMENTO
- Ações
- Recursos → EFICIÊNCIA
- Produtos → EFICÁCIA

AVALIAÇÃO
- Resultados
- Impactos → EFETIVIDADE

RETROALIMENTAÇÃO DO PROCESSO

Fonte: Espírito Santo, 2017, p. 8.

Cada instância de poder deve elaborar formas de medir a qualidade dos serviços prestados e de seus atos de gestão, em todos os âmbitos da gestão pública. Os indicadores podem ser utilizados nas áreas e nos processos de:

- consciência estratégica, em sua formulação compartilhada e comunicação da estratégia;
- liderança e sua capacidade de influenciar e mobilizar pessoas;
- estrutura, com a definição clara de competências, áreas e níveis de responsabilidade;

- processos, com a definição detalhada de procedimentos;
- projetos e seus resultados em ações que perpassam estruturas e processos que se submetem a regimes intensivos de monitoramento;
- contratualização e pactuação de resultados por meio de mecanismos de monitoramento e avaliação, além de incentivos;
- pessoas, dimensionamento de equipes, capacitação, comprometimento e alinhamento de valores;
- tecnologias de informação e comunicação, com o uso de ferramentas de inovação e integração tecnológicas e automação;
- recursos financeiros, com disponibilidade, previsão e regularidade de fluxo.

Agora, vejamos, no Quadro 3.8, alguns elementos de um bom indicador.

Quadro 3.8 – Elementos de um bom indicador

Propriedade	Elementos
Relevância para a formulação de políticas	Representatividade
	Simplicidade
	Sensibilidade a mudanças
	Possibilidade de comparações em nível internacional
	Escopo abrangente
	Disponibilidade de valores de referência
Adequação à análise	Fundamentação científica
	Base em padrões internacionais e consenso sobre a sua validade
	Aplicação em modelos econômicos, de previsão e em sistemas de informação
Mensurabilidade	Viabilidade em termos de tempo e recursos
	Documentação adequada
	Atualização periódica

Fonte: Brasil, 2012b, p. 18.

Ao analisarmos o quadro anterior, constatamos que os indicadores devem apresentar três propriedades e ser capazes de se adequar à realidade dos atos da gestão pública. Além disso, devem considerar a possibilidade de adequação e atualização. Vejamos agora o Quadro 3.9, que descreve alguns tipos de indicadores de desempenho.

Quadro 3.9 – Exemplos de indicadores de desempenho

Tipo de indicador	Descrição
Economicidade	"[Os indicadores de economicidade] medem os gastos envolvidos na obtenção dos insumos (materiais, humanos, financeiros etc.) necessários às ações que produzirão os resultados planejados. Visa a minimizar custos sem comprometer os padrões de qualidade estabelecidos e requer um sistema que estabeleça referenciais de comparação e negociação" (Brasil, 2012b, p. 22).
Eficiência	"essa medida possui estreita relação com produtividade, ou seja, o quanto se consegue produzir com os meios disponibilizados. Assim, a partir de um padrão ou referencial, a eficiência de um processo será tanto maior quanto mais produtos forem entregues com a mesma quantidade de insumos, ou os mesmos produtos e/ou serviços sejam obtidos com menor quantidade de recursos" (Brasil, 2012b, p. 22).
Eficácia	"aponta o grau com que um Programa atinge as metas e objetivos planejados, ou seja, uma vez estabelecido o referencial (linha de base) e as metas a serem alcançadas, utiliza-se indicadores de resultado para avaliar se estas foram atingidas ou superadas" (Brasil, 2012b, p. 22).
Efetividade	"mede os efeitos positivos ou negativos na realidade que sofreu a intervenção, ou seja, aponta se houve mudanças socioeconômicas, ambientais ou institucionais decorrentes dos resultados obtidos pela política, plano ou programa. É o que realmente importa para efeitos de transformação social" (Brasil, 2012b, p. 22).
Indicadores simples	"Representam um valor numérico (uma unidade de medida) atribuível a uma variável. Os indicadores simples não expressam a relação entre duas ou mais variáveis. Exemplo: Número de Inquéritos Policiais – Denúncias" (São Paulo, 2017, p. 13).

(continua)

(Quadro 3.9 – conclusão)

Indicadores compostos	"Expressam a relação entre duas ou mais variáveis. De acordo com as relações entre as variáveis que os constituem e a forma como são calculadas, são denominados de maneiras específicas. Assim têm-se quatro grupos em indicadores compostos:
	[...] **Proporção ou Coeficiente:** É o quociente entre o número de casos pertencentes a uma categoria e o total de casos considerados. Número Total de Inquéritos Policiais Denunciados sobre o Número Total de Inquéritos Policiais recebidos;
	[...] **Porcentagem:** Obtida a partir do cálculo das proporções, simplesmente multiplicando o quociente obtido por 100. As porcentagens e proporções têm por objetivo principal criar comparações relativas destacando a participação de determinada parte no todo. Exemplo: Inquéritos Policiais denunciados versus arquivados;
	[...] **Razão ou índice:** As proporções representam um tipo particular de razão. Entretanto, o termo razão é usado normalmente quando A e B representam categorias separadas e distintas. Este quociente é também chamado de índice, indicando tratar-se de razão entre duas grandezas tais que uma não inclui a outra. Razão entre número de Membros, número de habitantes e índice de Desenvolvimento Humano;
	[...] **Taxa:** São coeficientes multiplicados por uma potência de 10 e seus múltiplos para melhorar a compreensão do indicador" (São Paulo, 2017, p. 13-14, grifo do original).

Fonte: Elaborado com base em Brasil, 2012b; São Paulo, 2017.

Assim, ao traçarem indicadores, os gestores podem entender melhor a forma como os serviços devem ser executados, visto que, segundo Bernardi e Brudeki (2013, p. 120), "os índices e os indicadores nada mais são do que relacionamentos de duas ou mais informações quantificáveis, servindo de instrumentos gerenciais para a tomada de decisões". Logo, ao implantar um sistema de monitoramento, a gestão dos serviços públicos passa a ser assertiva no atendimento às demandas da população.

Cabe ressaltar o que afirma Queiroz (2012, p. 201): "os programas devem ser formulados de forma a permitir que sejam monitorados", ou seja, os programas são o aprofundamento dos planos. Com uma abrangência mais específica, aqueles devem permitir que o gestor, pela constante análise das ações e das tarefas executadas, possa verificar o que deve ser aprimorado.

> *Para saber mais*
>
> Acesse o *link* indicado a seguir e pesquise sobre os indicadores de gestão do extinto Programa Gespública (Decreto n. 9.094, de 17 de julho de 2017).
>
> BRASIL. Gespública – Programa Nacional de Gestão Pública e Desburocratização. Disponível em: <http://www.gespublica.gov.br/>. Acesso em: 6 set. 2020.

Consultando a legislação

A **Lei n. 10.257, de 10 de julho de 2001** visa regulamentar os arts. 182 e 183 da Constituição Federal, bem como estabelecer as diretrizes gerais da política urbana.

> BRASIL. Lei n. 10.257, de 10 de julho de 2001. **Diário Oficial da União**, Poder Legislativo, Brasília, DF, 11 jul. 2001. Disponível em: <http://www.planalto.gov.br/ccivil_03/leis/leis_2001/l10257.htm>. Acesso em: 6 set. 2020.

O **Decreto n. 9.203, de 22 de novembro de 2017** aborda as disposições legais da política de governança da administração pública federal direta, autárquica e fundacional.

> BRASIL. Decreto n. 9.203, de 22 de novembro de 2017. **Diário Oficial da União**, Poder Executivo, Brasília, DF, 23 nov. 2017. Disponível em: <http://www.planalto.gov.br/ccivil_03/_ato2015-2018/2017/decreto/D9203.htm>. Acesso em: 6 set. 2020.

O **Decreto n. 3.591, de 6 de setembro de 2000** trata do sistema de controle interno do Poder Executivo federal.

> BRASIL. Decreto n. 3.591, de 6 de setembro de 2000. **Diário Oficial da União**, Poder Executivo, Brasília, DF, 8 set. 2000. Disponível em: <http://www.planalto.gov.br/ccivil_03/decreto/D3591.htm>. Acesso em: 6 set. 2020.

A **Lei n. 13.460, de 26 de junho de 2017** trata da participação, proteção e defesa dos direitos do usuário dos serviços públicos da administração pública.

> BRASIL. Lei n. 13.460, de 26 de junho de 2017. **Diário Oficial da União**, Poder Legislativo, Brasília, DF, 27 jun. 2017. Disponível em: <http://www.planalto.gov.br/ccivil_03/_ato2015-2018/2017/lei/l13460.htm>. Acesso em: 6 set. 2020.

Síntese

Neste terceiro capítulo, que fecha nossa abordagem sobre o *accountability*, avançamos na análise dos aspectos de gestão e de formação de programas e políticas públicas, não mais com um olhar unilateral de governo, mas sob a ótica da nova forma de gestão pública.

Examinamos as ferramentas de *compliance*, governança e gestão participativa e vimos que impactam positivamente a gestão pública, dando oportunidade de os cidadãos se manifestarem e acompanharem os passos e as diretrizes do governo. Agora, podemos afirmar que está em ação um novo gestor público oriundo de uma nova gestão pública.

Por fim, apresentamos a necessidade de se criarem indicadores de avaliação dos atos dos entes públicos, para que possamos nos empoderar na relação Estado-sociedade, por meio também do engajamento em conselhos, associações etc. A participação cidadã é o ápice da democracia, que ocorre por meio da lógica do *accountability*.

Questões para revisão

1. O gestor público pode e deve usar das funções de PODC em conjunto com a população, e o *accountability* pode ser incluído nesse processo, pois sua premissa é fazer com que a gestão pública seja mais transparente e consiga trazer bons ganhos para toda a sociedade. A quais funções o acrônimo PODC se refere?
   a. Preparar; Organizar; Dirigir; Controlar.
   b. Planejar; Organizar; Dirigir; Constituir.
   c. Projetar; Organizar; Dirigir; Controlar.
   d. Planejar; Organizar; Dirigir; Controlar.
   e. Planejar; Organizar; Diversificar; Controlar.

2. As políticas públicas devem, desde sua elaboração, considerar o uso de ferramentas de *accountability* em todas as fases de seu ciclo, principalmente na fase de apresentação de soluções ou alternativas. É o momento em que deve ser definido qual é o objetivo da política, quais serão os programas desenvolvidos e quais serão as linhas de ação adotadas. Após esse processo, são avaliadas as causas e as prováveis alternativas para minimizar ou eliminar o problema em questão. Essa etapa corresponde à:
   a. primeira fase: formação da agenda.
   b. segunda fase: formulação da política.

c. terceira fase: processo de tomada de decisão.
d. quarta fase: implementação da política.
e. quinta fase: avaliação.

3. A auditoria é de extrema importância para o *accountability*, pois aponta as possíveis falhas e serve como indicador de análise da gestão, até mesmo como elemento inibidor de malfeitos, visto que o agente público sabe que suas ações serão auditadas. Há um tipo de auditoria que objetiva emitir opinião para certificar a regularidade das contas, verificar a execução de contratos, acordos, convênios ou ajustes e analisar a probidade na aplicação dos dinheiros públicos e na guarda ou administração de valores e outros bens da União ou a ela confiados. Marque a alternativa que corresponde a esse tipo de auditoria:

a. Auditoria especial.
b. Auditoria contábil.
c. Auditoria operacional.
d. Auditoria de avaliação da gestão.
e. Auditoria de acompanhamento da gestão.

4. A ferramenta de planejamento estratégico situacional (PES) serve como base para a elaboração de políticas públicas e está dividida em momentos; um deles é o momento normativo. Explique o que ocorre nessa etapa.

5. Um dos benefícios da implantação de um programa de *compliance* é a prevenção de risco. Descreva como esse benefício ocorre no processo.

Questões para reflexão

1. Imagine que você ficou responsável por elaborar o plano de *compliance* do órgão público em que trabalha, e sua primeira tarefa é apresentar, em uma palestra aos demais servidores, para que serve essa ferramenta. Como você faria essa apresentação?

2. Os programas de *compliance* servem como instrumento da boa governança pública, e uma das bases dessa boa governança é a equidade. Explique o que é a promoção da equidade na boa governança.

capítulo quatro

Princípios da transparência

Conteúdos do capítulo:

* Complementaridade entre transparência e *accountability*.
* Transparência no Brasil sob os aspectos jurídico-legais.
* Objetivos dos princípios de transparência.
* Publicidade dos atos públicos e prestação de contas.

Após o estudo deste capítulo, você será capaz de:

1. especificar a complementaridade entre transparência e *accountability*;
2. identificar a lógica jurídico-legal da transparência no Brasil;
3. analisar os princípios de transparência;
4. reconhecer as prestações de conta dos atos do governo.

Chegamos a uma parte muito interessante de nossa jornada. Como vimos, o *accountability* é a representação dos atos que tornam uma gestão transparente, por meio da prestação de contas. No Capítulo 2, destacamos a importância da transparência e, neste e nos próximos capítulos, vamos avançar nessa discussão, inclusive apresentando ferramentas que podem ser utilizadas para promover a transparência.

A transparência é parte do elemento formador do *accountability*; é o **answerability**, ou seja, "a divulgação de informações, uma postura transparente de transmitir a informação" (Mainwaring, 2003, p. 7, tradução nossa). Outros elementos que compõem a transparência são o **responsiveness**, "a obrigação legal de responder a questionamentos e demandas de informações, com responsabilização pelos próprios atos" (Mainwaring, 2003, p. 7, tradução nossa), e o **enforcement**, "que denota a capacidade, também legal e institucional, de o agente que exige as informações e contas de outro agente fazer valer essa exigência, tornando-a obrigatória, por meio de sanções e incentivos" (Morais; Teixeira, 2016, p. 84).

Neste capítulo, buscamos demonstrar que a transparência é o exercício do *accountability* (Heald, 2007), em que o ente público presta conta de seus atos para toda a sociedade, inclusive para os organismos internacionais.

4.1 *Transparência* e accountability *sob uma perspectiva comparada*

O *accountability*, com seu elemento de *answerability*, é um instrumento de prestação de contas, de fornecimento e de facilidade de acesso de informações sobre processos, atos, programas e planos do poder público. Hoje em dia, há um desejo da sociedade em participar da gestão pública e, principalmente, em conhecer como os entes públicos estão trabalhando. Assim, a transparência no exercício do poder passa a ser uma exigência nos tempos contemporâneos, como a transparência dos gastos públicos.

> A transparência aparece na lei como mecanismo mais amplo que o já previsto princípio da publicidade, posto que este prevê a necessidade de divulgação das ações governamentais, ao passo que aquele determina, além da divulgação, a possibilidade de compreensão do conteúdo, ou seja, a sociedade deve conhecer e entender o que está sendo divulgado. (Guerra, 2003, p. 91)

No Brasil, conforme já discutimos, a transparência é tratada pela Lei de Acesso à Informação (LAI) – Lei n. 12.527, de 18 de novembro de 2011 (Brasil, 2011). Vejamos os arts. 3º a 5º, que apresentam as diretrizes a serem observadas para a garantia do direito de acesso à informação, os tipos de informação e a determinação do dever de garantia de tal acesso por parte do Estado.

> Art. 3º Os procedimentos previstos nesta Lei destinam-se a assegurar o direito fundamental de acesso à informação e devem ser executados em conformidade com os princípios básicos da administração pública e com as seguintes diretrizes:
>
> I – observância da publicidade como preceito geral e do sigilo como exceção;
>
> II – divulgação de informações de interesse público, independentemente de solicitações;
>
> III – utilização de meios de comunicação viabilizados pela tecnologia da informação;
>
> IV – fomento ao desenvolvimento da cultura de transparência na administração pública;

V – desenvolvimento do controle social da administração pública.

Art. 4º Para os efeitos desta Lei, considera-se:

I – informação: dados, processados ou não, que podem ser utilizados para produção e transmissão de conhecimento, contidos em qualquer meio, suporte ou formato;

II – documento: unidade de registro de informações, qualquer que seja o suporte ou formato;

III – informação sigilosa: aquela submetida temporariamente à restrição de acesso público em razão de sua imprescindibilidade para a segurança da sociedade e do Estado;

IV – informação pessoal: aquela relacionada à pessoa natural identificada ou identificável;

V – tratamento da informação: conjunto de ações referentes à produção, recepção, classificação, utilização, acesso, reprodução, transporte, transmissão, distribuição, arquivamento, armazenamento, eliminação, avaliação, destinação ou controle da informação;

VI – disponibilidade: qualidade da informação que pode ser conhecida e utilizada por indivíduos, equipamentos ou sistemas autorizados;

VII – autenticidade: qualidade da informação que tenha sido produzida, expedida, recebida ou modificada por determinado indivíduo, equipamento ou sistema;

VIII – integridade: qualidade da informação não modificada, inclusive quanto à origem, trânsito e destino;

IX – primariedade: qualidade da informação coletada na fonte, com o máximo de detalhamento possível, sem modificações.

> Art. 5º É dever do Estado garantir o direito de acesso à informação, que será franqueada, mediante procedimentos objetivos e ágeis, de forma transparente, clara e em linguagem de fácil compreensão. (Brasil, 2011)

Assim, a sociedade passa a tomar conhecimento dos atos do governo nas mais diversas instâncias, do governo federal às prefeituras. Com isso, a população se torna mais próxima da gestão, compreendendo as lógicas tomadas no gerenciamento do bem público.

> O desafio em promover *accountability* é tornar o poder previsível, limitando arbitrariedades e possibilitando reparação e prevenção de possíveis abusos de poder. *Accountability* como *answerability* consiste em uma dimensão informacional que tem como objetivo criar a transparência das informações e atos públicos, fato que demanda a publicidade e a justificação da administração pública à sociedade. (Andrade; Raupp, 2017, p. 90)

O governo federal do Brasil mantém o **Portal da Transparência** (<http://transparencia.gov.br/>), no qual são apresentados painéis dos vários órgãos da República, podem ser feitas consultas detalhadas e é disponibilizado um espaço para o controle social e uma rede de transparência. O cidadão também pode se inscrever para receber notificações.

> Lançado pelo Ministério da Transparência e Controladoria-Geral da União em 2004, o Portal da Transparência do Governo Federal é um site de acesso livre, no qual o cidadão pode encontrar informações sobre como o dinheiro público é utilizado, além de se informar sobre assuntos relacionados à gestão pública do Brasil. Desde a criação, a ferramenta ganhou novos recursos, aumentou

a oferta de dados ano após ano e consolidou-se como importante instrumento de controle social, com reconhecimento dentro e fora do país.

A fim de atender de forma mais eficiente a crescente demanda e as obrigações de transparência, a CGU iniciou projeto para a restruturação do Portal. Como resultado do trabalho, o Governo Federal lança, em 2018, o novo Portal da Transparência. Entre as novidades, estão: formas diversas de apresentação dos dados, mecanismo de busca integrado e intuitivo, melhor usabilidade, mais recursos gráficos, integração com redes sociais, maior e melhor oferta de dados abertos, adequação a plataformas móveis, maior interatividade.

[...]

O novo Portal da Transparência reforça, assim, com novos recursos e mais informações, sua razão de ser uma ferramenta que permita ao cidadão, de forma cada vez mais eficiente, fiscalizar e assegurar a boa e correta aplicação dos recursos públicos federais.

Como funciona o Portal

Os dados divulgados no Portal são provenientes de diversas fontes de informação, entre as quais estão os grandes sistemas estruturadores do Governo Federal – como o Sistema Integrado de Administração Financeira do Governo Federal (Siafi) e o Sistema Integrado de Administração de Recursos Humanos (Siape) –, as bases de benefícios sociais, as faturas de Cartão de Pagamentos do Governo Federal, as bases de imóveis funcionais, entre diversas outras.

Os órgãos responsáveis por cada fonte de informação encaminham seus dados para a CGU, que recebe, reúne

> e disponibiliza as informações na ferramenta. A periodicidade de envio dos dados depende do assunto tratado, assim como a periodicidade de atualização das informações no Portal. [...]
>
> Uma vez carregadas no Portal, as informações são disponibilizadas para conhecimento do cidadão de diversas formas, como: painéis, consultas detalhadas, gráficos, dados abertos.
>
> O acesso ao Portal não requer usuário nem senhas, sendo permitido a qualquer cidadão navegar pelas páginas de forma livre, bem como visualizar e utilizar os dados disponíveis da forma que melhor lhe convier. (Portal da Transparência, 2020f)

A Figura 4.1 mostra a página de abertura do Portal da Transparência, com a indicação de algumas informações que podemos encontrar lá.

Figura 4.1 – Painéis disponíveis no Portal da Transparência

NOVO AUXÍLIO EMERGENCIAL	BENEFÍCIOS AO CIDADÃO	CARTÕES DE PAGAMENTO	CONVÊNIOS
DESPESAS E RECEITAS	EMENDA PARLAMENTAR	ESTADOS E MUNICÍPIOS	LICITAÇÕES E CONTRATOS
ORÇAMENTO	RECURSOS TRANSFERIDOS	SERVIDORES	VIAGENS A SERVIÇO

Fonte: Portal da Transparência, 2020a.

Dessa forma, o cidadão pode ter acesso à informação acerca dos mais diversos setores do governo e das diferentes políticas adotadas, como o quanto de recurso público foi disponibilizado para os programas Bolsa-Família, Seguro-Defeso, Garantia-Safra etc. Tais dados podem ser vistos em detalhes. Por exemplo, podemos verificar que, de janeiro a dezembro de 2019, foram distribuídos R$ 652.834.958,00 no Paraná pelo Programa Bolsa-Família. Já em Pernambuco, esse mesmo programa recebeu R$ 2.350.536.925,00. A explicação para essa diferença é que, no segundo estado, há um maior número de beneficiários do programa (Portal da Transparência, 2020b).

A transparência passa a dar destaque às ações, fazendo com que os cidadãos busquem explicações, ou seja, por que em um estado o investimento em certo programa foi Y e em outro estado foi Y^2. Logo, a transparência é a instância do *accountability* que possibilita a descoberta dos malfeitos, que podem – e devem – ser corrigidos em outras instâncias.

> Além da dimensão informacional que envolve a transparência do que foi feito ou do que será realizado, são adicionados à concepção de *accountability* elementos de natureza regulatória e simbólica que compreendem a dimensão das sanções e incentivos (*enforcements*). A administração pública deve ser responsável não apenas por tornar público o que tem feito e apresentar justificações: deve, também, assumir as consequências, responsabilizando-se e submetendo-se a eventuais sanções (SCHEDLER, 1999; DENHARDT, 2012). (Andrade; Raupp, 2017, p. 91)

A transparência é a matéria-prima para o controle social. Já mencionamos isso anteriormente e agora vamos retomar a temática com destaque para as ferramentas e os princípios jurídicos da transparência.

4.2 Controle social, transparência no Brasil e princípios jurídicos da transparência

O controle social tem seus aspectos legais definidos na quinta diretriz expressa no art. 3º da LAI:

> Art. 3º Os procedimentos previstos nesta Lei destinam-se a assegurar o direito fundamental de acesso à informação e devem ser executados em conformidade com os princípios básicos da administração pública e com as seguintes diretrizes:
> [...]
> V – desenvolvimento do controle social da administração pública.

Com isso, caracteriza-se a sociedade como pertencente ao *hall* dos controles das ações públicas, juntamente com os controles interno e externo.

O Portal da Transparência possibilita o controle social, apesar de não ser a única ferramenta com tal objetivo. No portal, o cidadão tem condições de entender e avaliar as ações de governo. Vejamos o que informa o próprio portal:

> **Controle Social**
>
> O principal objetivo do Portal da Transparência é ser uma ferramenta que permita ao cidadão conhecer, questionar e atuar, também, como fiscal da aplicação de recursos públicos. Acreditamos no papel da sociedade na fiscalização do Estado, ou seja, no **Controle Social**.
>
> O controle social das ações dos governantes e funcionários públicos é importante para assegurar que os recursos

públicos sejam bem empregados em benefício da coletividade. É a participação da sociedade no acompanhamento e verificação das ações da gestão pública na execução das políticas públicas, avaliando os objetivos, processos e resultados.

Para cumprir esse objetivo, o Portal oferece recursos que permitem ao cidadão melhor acompanhar e compartilhar os dados disponíveis. São ferramentas que permitem entender melhor o funcionamento do governo sob diversas perspectivas; que possibilitam receber notificações em diversas situações; e que oferecem dados e informações de forma fácil para o acompanhamento dos gastos em suas diversas etapas. São muitas as possibilidades de uso do Portal da Transparência. (Portal da Transparência, 2020c, grifo do original)

No Quadro 4.1, apresentamos outros instrumentos para o controle social na esfera federal. Lembre-se de que o mesmo controle deve acontecer nos estados e nos municípios.

Quadro 4.1 – *Formas de controle social*

Instrumento	O que é	Site
Sistema Eletrônico de Informação ao Cidadão (e-SIC)	"permite a solicitação de informações ao Governo Federal, nos termos da Lei de Acesso a Informação (Lei 12.527). Por meio dele é possível complementar os achados do Portal da Transparência ou obter documentos ou dados produzidos pelos diferentes órgãos do Poder Executivo Federal" (Portal da Transparência, 2020c).	<https://esic.cgu.gov.br/sistema/site/index.aspx>

(continua)

(Quadro 4.1 – conclusão)

Instrumento	O que é	Site
Portal Brasileiro de Dados Abertos	"catálogo com as bases de dados disponíveis em formato aberto. Os dados abertos podem ser usados, cruzados e processados para a geração de estudos, aplicativos e outras soluções" (Portal da Transparência, 2020c).	<http://www.dados.gov.br/>
Sistema de Ouvidorias do Governo Federal (e-Ouv)	"canal para o registro de denúncias, reclamações, sugestões, elogios e solicitações" (Portal da Transparência, 2020c).	<https://sistema.ouvidorias.gov.br/>

Sobre os aspectos legais da transparência, destacamos o inciso II, parágrafo 3º, do art. 37 da Constituição Federal de 1988 (1988), o qual se refere ao acesso dos usuários a registros administrativos e a informações sobre atos de governo, observados o disposto no art. 5º, incisos X e XXXIII, também da Carta Magna, e o art. 6º da LAI, que determina:

> Art. 6º Cabe aos órgãos e entidades do poder público, observadas as normas e procedimentos específicos aplicáveis, assegurar a:
>
> I – gestão transparente da informação, propiciando amplo acesso a ela e sua divulgação;
>
> II – proteção da informação, garantindo-se sua disponibilidade, autenticidade e integridade; e
>
> III – proteção da informação sigilosa e da informação pessoal, observada a sua disponibilidade, autenticidade, integridade e eventual restrição de acesso. (Brasil, 2011)

Desse modo, a responsabilidade do ente público em dar transparência aos seus atos é um princípio legal ensejado pela sociedade, pois vai ao encontro do princípio da publicidade da gestão pública, o qual já discutimos. Em outras palavras, temos o direito de saber dos atos públicos, e os agentes públicos têm a obrigação legal de nos fornecer informações. O próprio Portal da Transparência reforça seu aspecto como ferramenta de controle social:

COMO O PORTAL PODE AJUDAR O CONTROLE SOCIAL?

O Portal da Transparência é uma ferramenta desenvolvida para permitir que a sociedade acompanhe o uso dos recursos públicos e tenha uma participação ativa na discussão das políticas públicas e no uso do dinheiro. É possível acompanhar uma série de situações pelo Portal. Quer ver alguns exemplos?

+ Você pode acompanhar os **repasses para seu município** e ver se, de fato, os serviços que receberam recursos estão sendo prestados ou se os bens foram adquiridos. Por exemplo, seu município provavelmente recebe recursos para merenda escolar. Tem merenda nas escolas?

+ Você pode acompanhar as **políticas públicas**, vendo quanto o governo está investindo em educação, saúde, segurança pública. Pode inclusive ver de forma mais detalhada: educação básica, investimentos em unidades básicas de saúde, ou construção de estabelecimentos penais. Além de acompanhar os gastos, é possível, por exemplo, ver quantos servidores trabalham no Ministério da Cultura e comparar com órgãos.

+ Se o seu interesse for nas **compras públicas**, pode acompanhar os contratos e licitações. É possível acompanhar uma série de informações, com as relativas às contratações que usaram dispensa de

- licitação ou aos maiores contratos com a administração pública.
- Com a consulta de servidores, é possível identificar **acúmulos de cargo ou pessoas ganhando acima do teto** – e talvez até um caso de nepotismo ou de conflito de interesses.
- Você pode verificar se um vereador da sua cidade não está recebendo bolsa família ou outro benefício indevido.
- Também é possível identificar abusos nas viagens a serviços e nos cartões de pagamento. (Portal da Transparência, 2020e, grifo nosso)

Nesse trecho, destacamos alguns atos que podem ser acompanhados e, de certa forma, discutidos. Por exemplo, quando tratamos do repasse de recursos para o município, estes podem ter sua finalidade de uso definida por meio de uma audiência pública de Lei Orçamentária Anual (LOA). Quanto aos abusos, o cidadão pode fazer um pedido de mais informações ou até abrir uma denúncia na ouvidoria.

Enfim, são muitas possibilidades. Lembra-se de que comentamos que o *accountability* se inicia nas eleições? Em ferramentas como o Portal da Transparência, podemos buscar informações de candidatos que são beneficiários de programas de governo e até mesmo se têm outro vínculo público, ou seja, se vão ou não acumular cargos com a eleição.

Assim, o princípio da transparência, além de ser uma instância do *accountability*, é um dos pilares da LAI e uma das bases da Lei de Responsabilidade Fiscal (LRF) – Lei Complementar n. 101, de 4 de maio de 2000 (Brasil, 2000b), como podemos ver no parágrafo 1º do art. 1º desta última:

> § 1º A responsabilidade na gestão fiscal pressupõe a ação planejada e **transparente**, em que se previnem riscos e corrigem desvios capazes de afetar o equilíbrio das contas públicas, mediante o cumprimento de metas de resultados entre receitas e despesas. (Brasil, 2000b, grifo nosso)

Em outras palavras, a transparência é uma ferramenta de gestão que perpassa cada função do PODC (Planejar; Organizar; Dirigir; Controlar), do planejamento ao controle. Vejamos o que estabelecem o art. 48-A da Lei Complementar n. 131, de 27 de maio de 2009 (Brasil, 2009a), e o art. 49 da LRF, que reforçam a transparência como um elemento obrigatório de gestão:

> Art. 48-A. Para os fins a que se refere o inciso II do parágrafo único do art. 48, os entes da Federação disponibilizarão a qualquer pessoa física ou jurídica o acesso a informações referentes a:
>
> I – quanto à despesa: todos os atos praticados pelas unidades gestoras no decorrer da execução da despesa, no momento de sua realização, com a disponibilização mínima dos dados referentes ao número do correspondente processo, ao bem fornecido ou ao serviço prestado, à pessoa física ou jurídica beneficiária do pagamento e, quando for o caso, ao procedimento licitatório realizado;
>
> II – quanto à receita: o lançamento e o recebimento de toda a receita das unidades gestoras, inclusive referente a recursos extraordinários. (Brasil, 2009a)
>
> Art. 49. As contas apresentadas pelo Chefe do Poder Executivo ficarão disponíveis, durante todo o exercício, no respectivo Poder Legislativo e no órgão técnico

> responsável pela sua elaboração, para consulta e apreciação pelos cidadãos e instituições da sociedade.
>
> Parágrafo único. A prestação de contas da União conterá demonstrativos do Tesouro Nacional e das agências financeiras oficiais de fomento, incluído o Banco Nacional de Desenvolvimento Econômico e Social, especificando os empréstimos e financiamentos concedidos com recursos oriundos dos orçamentos fiscal e da seguridade social e, no caso das agências financeiras, avaliação circunstanciada do impacto fiscal de suas atividades no exercício. (Brasil, 2000b)

Podemos notar que a legislação brasileira apresenta os princípios jurídicos que devem ser levados em conta na ação ou no ato dos entes públicos. Na dimensão da imputabilidade do *accountability*, os entes públicos podem ser acusados de má-fé ao deixar de dar transparência aos seus atos.

> Uma organização pública, portanto, também deve sofrer consequências (imputabilidade) nos casos de não disponibilizar informações de interesse público, seja por força de diplomas legais ou em decorrência do não fornecimento de dados e informações solicitados por iniciativa de uma Organização Não Governamental, por exemplo. (Andrade; Raupp, 2017, p. 92)

Portanto, a transparência pública deve possibilitar, por meio de seus **princípios jurídicos**, que o cidadão tenha direito à informação e à participação por meio do controle social, a fim de contribuir para a efetividade do planejamento e da execução das políticas públicas, o que promove maior confiança do cidadão nos atos do governo.

Agora, vamos examinar o histórico recente dos normativos que ampliam diretamente o direito de acesso à Informação, a partir da promulgação da Constituição Federal, que são os princípios jurídicos da transparência.

Figura 4.2 – Histórico recente dos normativos que ampliam o acesso à informação

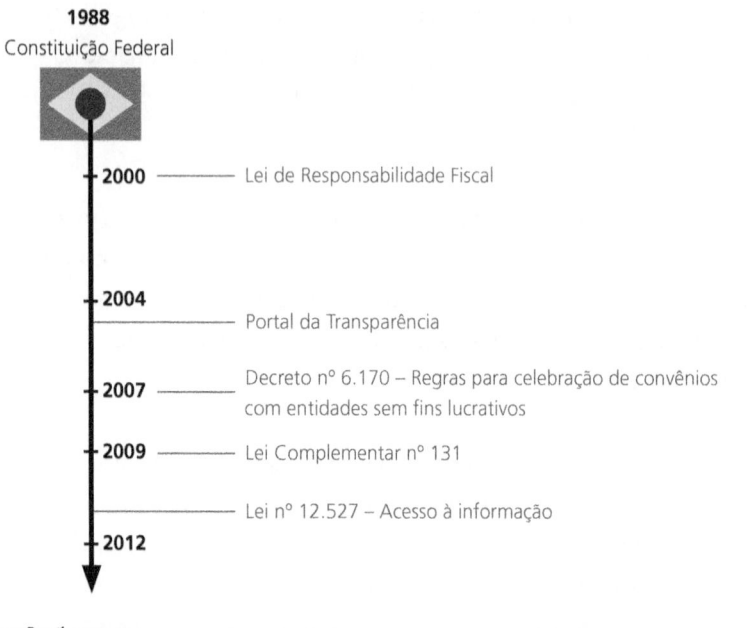

1988 Constituição Federal

2000 — Lei de Responsabilidade Fiscal

2004 — Portal da Transparência

2007 — Decreto nº 6.170 – Regras para celebração de convênios com entidades sem fins lucrativos

2009 — Lei Complementar nº 131

— Lei nº 12.527 – Acesso à informação

2012

Fonte: Brasil, 2013a, p. 11.

Segundo o portal Tribuna do Norte, a cidade de Natal, capital do Rio Grande do Norte, atingiu a nota máxima em transparência pública conforme o Tribunal de Contas desse estado. Veja mais informações no *link* indicado a seguir.
NATAL atinge nota máxima em transparência pública, aponta TCE. **Tribuna do Norte**, 24 jan. 2020. Disponível em: <http://www.tribunadonorte.com.br/noticia/natal-atinge-nota-ma-xima-em-transpara-ncia-paoblica-aponta-tce/470520>. Acesso em: 6 set. 2020.

De forma legal, a transparência passou a fazer parte do dia a dia dos agentes públicos e da sociedade, que agora conhece os princípios jurídicos de sua participação no controle e na avaliação dos atos do governo. O cidadão pode e deve, aliás, participar de conselhos organizados pela sociedade civil organizada ou por órgãos públicos. Na sequência, vamos tratar mais detalhadamente dessa estrutura.

4.3 Estrutura, vantagens e objetivos dos princípios de transparência

Você deve ter notado que destacamos exemplos principalmente dos aspectos de *accountability* e transparência no nível federal, certo? Nossa intenção com isso é que, ao conhecer conceitos, questões legais e ferramentas, você possa buscar essas mesmas informações em seu estado e município, ou seja, estamos lhe apresentando uma "caixa de ferramentas" para a análise da ação pública e esperamos que você faça uso delas.

> Municípios com população de até 10 mil habitantes ficam dispensados da divulgação obrigatória na internet do chamado *rol mínimo de informações*, previsto no parágrafo 1º do art. 8º da LAI.

Quanto à transparência, sua estrutura se baseia em grande parte na LAI e se divide em transparência ativa e transparência passiva, que se diferenciam pela forma como o cidadão obtém a informação.

Figura 4.3 – Transparência ativa e transparência passiva

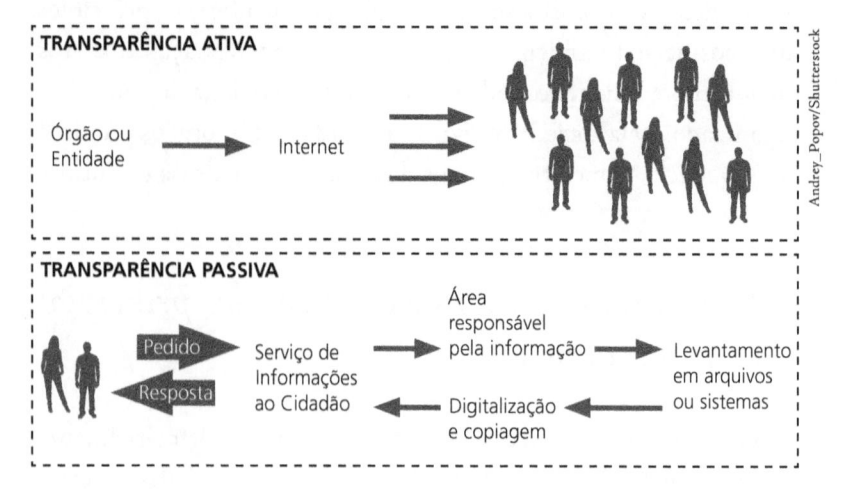

TRANSPARÊNCIA ATIVA

Órgão ou Entidade → Internet →→→

TRANSPARÊNCIA PASSIVA

Pedido / Resposta → Serviço de Informações ao Cidadão → Área responsável pela informação → Levantamento em arquivos ou sistemas ← Digitalização e copiagem

Andrey_Popov/Shutterstock

Fonte: Brasil, 2013a, p. 17.

Constam na LAI os artigos que remetem à **transparência ativa**:

> Art. 3º Os procedimentos previstos nesta Lei destinam-se a assegurar o direito fundamental de acesso à informação e devem ser executados em conformidade com os princípios básicos da administração pública e com as seguintes diretrizes:
>
> [...]
>
> II – divulgação de informações de interesse público, independentemente de solicitações;
>
> [...]
>
> Art. 8º É dever dos órgãos e entidades públicas promover, independentemente de requerimentos, a divulgação em local de fácil acesso, no âmbito de suas competências, de informações de interesse coletivo ou geral por eles produzidas ou custodiadas. (Brasil, 2011)

Nesse caso, são informações a que o ente público deve dar publicidade independentemente do pedido do cidadão. O Portal da Transparência é um exemplo de transparência ativa, cujas vantagens são assim descritas:

> A Transparência Ativa gera benefícios tanto para o cidadão, que com o acesso prévio à informação não precisa acionar os órgãos e entidades públicas e esperar o tempo necessário para a resposta, quanto para a Administração, pois gera economia de tempo e recursos. Quanto mais informações são disponibilizadas de forma ativa, menor será a demanda de pedidos de informação. (Brasil, 2013a, p. 15)

A seguir, apresentamos uma lista de portais da transparência de nível federal.

Quadro 4.2 – *Portais da transparência de nível federal*

Portal	Endereço eletrônico
Portal da Transparência do Governo Federal	<http://www.portaldatransparencia.gov.br/>
Portal da Transparência do Poder Judiciário	<http://www.portaltransparencia.jus.br/>
Portal da Transparência do Senado Federal	<http://www12.senado.leg.br/transparencia>
Portal da Transparência da Câmara dos Deputados	<http://www2.camara.leg.br/transparencia>
Portal da Transparência do Tribunal de Contas da União	<http://portal.tcu.gov.br/transparencia/>
Portal da Transparência do Ministério Público Federal	<http://www.transparencia.mpf.mp.br/>

Já a **transparência passiva**, como o próprio nome sugere, requer que o cidadão solicite as informações desejadas.

> A "Transparência Passiva" se dá quando algum órgão ou ente é demandado pela sociedade a prestar informações que sejam de interesse geral ou coletivo, desde que não sejam resguardadas por sigilo. A obrigatoriedade de prestar as informações solicitadas está prevista especificamente no artigo 10 da LAI:
>
> Art. 10. "Qualquer interessado poderá apresentar pedido de acesso a informações aos órgãos e entidades referidos no art. 1º desta Lei, por qualquer meio legítimo, devendo o pedido conter a identificação do requerente e a especificação da informação requerida". (Brasil, 2013a, p. 17)

Nesse caso, o cidadão obtém o acesso à informação por meio do Serviço de Informações ao Cidadão (SIC), que pode ser físico ou digital, como o Sistema Eletrônico de Informações ao Cidadão (e-SIC). A LAI determina que o SIC físico deve ter "uma estrutura que apresente condições para orientar e atender pessoalmente o público, informar sobre a tramitação de documentos e protocolizar requerimentos de acesso a informações e documentos em geral" (Brasil, 2013a, p. 18). Além disso, o art. 45 da mesma lei informa que cabe aos estados, ao Distrito Federal e aos municípios a criação do SIC em seu respectivo nível.

Quanto aos SICs virtuais, é necessário considerar a seguinte orientação:

> Além da obrigatoriedade de um SIC físico, a LAI estabelece ainda que os órgãos e entidades públicas proporcionem meios aos interessados para que estes possam encaminhar pedidos de informação por meio da Internet.

A maioria dos órgãos busca uma ferramenta de recebimento de pedidos de informação que, além de ser um "balcão de atendimento virtual", seja também uma ferramenta de gerenciamento dos pedidos de informação, o que auxilia o trabalho da gestão da informação.

Nesse tipo de serviço o interessado pode, por meio da Internet, fazer o pedido de informação que julgar necessário. A resposta ao pedido também pode ser realizada, pelo órgão público demandado, pela Internet. A prestação desse serviço pela rede de computadores se mostra uma forma ágil e fácil de atender ao solicitante, que pode obter as informações necessárias sem precisar sair de casa. (Brasil, 2013a, p. 18-19)

Hoje, por conta da disponibilidade da tecnologia, opta-se cada vez mais pelo e-SIC como estrutura. O Quadro 4.3 aponta as facilidades desse sistema.

Quadro 4.3 – *Possibilidades do e-SIC conforme o público*

Público	Possibilidades do e-SIC
Cidadão	• Registrar pedidos de informação • Acompanhar pedidos de informação: trâmites e prazos • Realizar "Reclamações" • Entrar com recursos • Consultar respostas recebidas
Órgãos, vinculadas e estatais	• Cadastrar equipe do SIC autorizada a usar o sistema • Acessar e responder as solicitações realizadas • Acompanhar os prazos para respostas • Solicitar prorrogação de prazo para resposta • Reencaminhar pedidos a outros órgãos • Obter estatísticas de atendimentos • Acompanhar e responder reclamações e recursos

Fonte: Elaborado com base em Brasil, 2013a, p. 19-20.

Ao ter acesso às informações dos atos do governo, o cidadão se empodera, e essa ação é a base de uma democracia, porque as pessoas ficam informadas sobre os atos governamentais e compreendem seus impactos na sociedade – o que é muito válido em tempos de *fake news*, as notícias falsas difundidas por diversos canais de comunicação, como as redes sociais.

> Segundo o portal Acorda Cidade, da cidade de Feira de Santana, na Bahia, uma cidadã encontrou dificuldades para obter informações sobre a atuação dos vereadores; no entanto, depois de acionar as entidades competentes, o caso foi resolvido. Isso mostra como devemos proceder para termos a transparência desejada nas contas públicas.
> SANTOS, E.; JOSÉ, P. Programadora encontra dificuldades para obter informações sobre a atuação dos vereadores de Feira. **Acorda Cidade**, 3 fev. 2020. Disponível em: <https://www.acordacidade.com.br/noticias/222557/programadora-encontra-dificuldades-para-obter-informacoes-sobre-a-atuacao-dos-vereadores-de-feira.html>. Acesso em: 6 set. 2020.

Dessa forma, o objetivo da transparência é dotar os cidadãos de informações para que saibam o que está acontecendo no meio público. Como fundamento do *accountability*, a transparência visa possibilitar a ação da sociedade na gestão pública. Portanto, "O desafio em promover *accountability* é tornar o poder previsível, limitando arbitrariedades e possibilitando reparação e prevenção de possíveis abusos de poder" (Andrade; Raupp, 2017, p. 90).

A transparência é tão importante que os estados disponibilizam, por meio de seus *sites*, a agenda de seus principais gestores, como o governador, o vice-governador e os secretários de governo. De modo geral, ao selecionar uma autoridade, é possível verificar o tipo do compromisso, o assunto, a data, o horário e o local.

Podemos observar que a internet e a transparência ativa têm sido ferramentas de excelência para que os cidadãos se informem sobre o dia a dia de governantes, legisladores, julgadores e também sobre suas ações. Assim, a internet passa a ter um papel de destaque, pois a transparência "envolve ainda a obrigação moral de publicidade de toda e qualquer informação de interesse público" (Andrade; Raupp, 2017, p. 92). E no *site* de sua cidade ou de seu estado, está publicada a agenda das autoridades públicas?

4.4 *Publicidade, propaganda oficial, transparência, equidade e prestação de contas*

Vamos considerar novamente o art. 37 de nossa Carta Magna:

> Art. 37. A administração pública direta e indireta de qualquer dos Poderes da União, dos Estados, do Distrito Federal e dos Municípios obedecerá aos princípios de legalidade, impessoalidade, moralidade, **publicidade** e eficiência. (Brasil, 1988, grifo nosso)

Há um ditado antigo segundo o qual "À mulher de César não basta ser honesta, deve parecer honesta". O ditado se refere ao imperador romano Júlio Cesar (100 a.C.-44 a.C.) e a sua esposa, Pompeia Sula (datas de nascimento e falecimento desconhecidas). Se trouxermos essa reflexão para os nossos dias, podemos afirmar que não basta o ente público seguir os princípios de legalidade, impessoalidade, moralidade e eficiência; ele deve dar publicidade a seus atos.

Como vimos, a população tem o direito de tomar conhecimento dos atos e das ações das autoridades públicas, e estas têm o dever de informá-los, pois é desse modo que se constitui o laço da transparência. Por exemplo, o poder público executivo, do nível federal ao municipal, tem um diário oficial, no qual são registrados os atos do governo. Vamos abordar esse tipo de ferramenta agora, com foco na

Imprensa Nacional (IN), que apresenta os atos do governo federal por meio do *Diário Oficial da União* (DOU).

Missão
Publicizar e realizar a gestão do conhecimento sobre as informações dos atos oficiais para a sociedade e prestar serviços gráficos estratégicos à Administração Pública Federal.

Visão
Ser referência na gestão do conhecimento sobre as informações dos atos oficiais, acessíveis em plataforma digital, bem como na execução de serviços gráficos estratégicos para a Administração Pública Federal.

Valores
> Credibilidade e segurança da informação;
> Acesso universal às informações;
> Regularidade e qualidade na prestação do serviço;
> Sustentabilidade;
> Orgulho de pertencer;
> Qualidade de vida no trabalho;
> Preservação da memória da imprensa brasileira.

Endereço
SIG Quadra 06, Lote 800.
CEP: 70.610-460– Brasília – DF (Brasil, 2020p)

Vale lembrar que, seguindo a onda da tecnologia, desde 2017 o DOU parou de ser impresso para ser totalmente digital, com acesso via internet por meio do seguinte endereço: <https://www.in.gov.br/servicos/diario-oficial-da-uniao>

O DOU tem três seções (Brasil,2020o):

- A primeira seção trata dos **atos normativos**, que são os decretos, as leis, as instruções normativas, as portarias, as resoluções, entre outros.
- A segunda seção aborda os **atos de pessoal**, que são atos de importância para os servidores públicos federais.
- A terceira seção apresenta **contratos, editais e avisos**, entre outros atos (inclusive de estados e municípios e de terceiros), que necessitam de publicação.

Pelo conteúdo, podemos notar que o DOU é uma excelente ferramenta de transparência para os cidadãos. Ocorre também que os entes públicos podem recorrer à mídia para dar transparência a seus atos. Geralmente, isso é feito por intermédio de veículos de comunicação de grande alcance e audiência. Nesse caso, é preciso observar alguns aspectos, como preconiza a Constituição em seu art. 37, parágrafos 1º e 2º:

> Art. 37. A administração pública direta e indireta de qualquer dos Poderes da União, dos Estados, do Distrito Federal e dos Municípios obedecerá aos princípios de legalidade, impessoalidade, moralidade, publicidade e eficiência e, também, ao seguinte:
>
> [...]
>
> § 1º A publicidade dos atos, programas, obras, serviços e campanhas dos órgãos públicos deverá ter caráter educativo, informativo ou de orientação social, dela não podendo constar nomes, símbolos ou imagens que caracterizem promoção pessoal de autoridades ou servidores públicos.

> § 2º A não observância do disposto nos incisos II e III implicará a nulidade do ato e a punição da autoridade responsável, nos termos da lei. (Brasil, 1988)

Portanto, todo o cuidado é pouco para que a publicidade oficial de Estado não se torne propaganda de governo ou de governantes. Isso é crime de improbidade administrativa.

> O atual governador de São Paulo, João Doria, foi condenado por improbidade administrativa como prefeito da capital paulista por conta do uso do *slogan* "Acelera SP". Veja mais informações nos *links* indicados a seguir.
> DORIA é condenado por improbidade por uso do slogan "Acelera Sp". **Consultor Jurídico**, 12 maio 2019. Disponível em: <https://www.conjur.com.br/2019-mai-12/doria-condenado-improbidade-uso-slogan-acelera-sp>. Acesso em: 6 set. 2020.
>
> O processo está disponível em:
> SÃO PAULO (Estado). Tribunal de Justiça. Comarca de São Paulo. 6ª Vara de Fazenda Pública. **Ação Civil de Improbidade Administrativa n. 1012844-73.2018.8.26.0053**. Sentença. 6 mar. 2019. Disponível em: <https://www.conjur.com.br/dl/sentenca-doria-acelera-sp.pdf>. Acesso em: 6 set. 2020.

Por esse motivo, é importante que tanto o gestor público quanto os cidadãos conheçam as regras da **publicidade legal**, primeiro, para não cometer crime de responsabilidade e, segundo, para denunciar caso haja uma comunicação que desvirtue o objetivo da publicidade legal. Agora, vamos nos aprofundar nessa temática e ver como ocorre a publicidade legal do governo federal. Vale destacar que o governo desenvolve essa atividade por meio da Empresa Brasil de Comunicação (EBC), uma empresa pública.

Informações sobre a publicidade legal do governo federal

O que é Publicidade Legal?

Entende-se por publicidade legal a publicação de avisos, balanços, relatórios e outros comunicados que órgãos e entidades da administração pública federal estejam obrigados a divulgar por força de lei ou regulamento.

A EBC Serviços distribui aos veículos de comunicação a publicidade legal dos órgãos e entidades da administração federal. Este serviço é realizado com base na Lei nº 11.652, de 7 de abril de 2008, que confere à EBC a competência da distribuição da publicidade legal dos órgãos e entidades da administração federal, exceto a veiculada pelos órgãos oficiais da União.

O Decreto nº 6.555, de 8 de setembro de 2008, que substitui os de números 4.799/03; 3.296/99 e 2.004/96, estabelece que a divulgação da publicidade legal dos órgãos e entidades da Administração Federal, em veículos da impressa comercial (jornais de grande circulação de determinada região) deve ser obrigatoriamente feita por intermédio da EBC, a exceção daquela veiculada nos órgãos oficiais da União, dos Estados, do Distrito Federal e dos Municípios.

Como é realizada a veiculação da publicidade legal?

A EBC, por intermédio da Gerência de Publicidade, atua como uma agência de propaganda, distribuindo a publicidade legal em jornais, revistas, emissoras de rádio e televisão e sítios na internet, de acordo com a necessidade do cliente. A Gerência conta com profissionais de atendimento, mídia, diagramação e revisão, servidos por equipamentos de computação gráfica de última geração. A Gerência de Publicidade atualmente distribui a publicidade legal de cerca de 1.200 entidades governamentais.

O trabalho é realizado para assegurar os menores preços com os melhores índices de penetração dos anúncios, abrangendo todo o território nacional. A mídia também pode ser internacional, conforme a necessidade do cliente.

> A contratação dos serviços de publicidade legal se dá por meio da formalização do Contrato de Distribuição de Publicidade Legal entre o cliente e a EBC.

Fonte: EBC, 2020.

Assim, ao darem publicidade a seus atos, os entes públicos, além de respeitarem esse princípio e conferirem transparência a suas ações, também estão promovendo a equidade em relação a seus atos, inclusive entre os veículos de comunicação, os quais podem levar a seus públicos as mensagens do governo. Logo, o governo tem a possibilidade de falar com os mais diversos atores da sociedade, do empresário ao funcionário, e todos passam a ter as mesmas condições de entender os atos públicos para contribuir com seu planejamento, sua execução e até mesmo sua avaliação.

Desse modo, os atos de transparência devem ter em seu cerne a intenção de proporcionar um tratamento igualitário a todos, apresentando-se as informações de forma clara e acessível, tanto para o caso da transparência ativa quanto da passiva. Esse é um grande desafio, visto que o Brasil é um país continental que reúne diversas culturas e diferentes costumes.

Cabe destacar que alguns portais de transparência investem na acessibilidade, a exemplo do Portal da Transparência do Poder Executivo de Santa Catarina (2020), que permite alterar o tamanho do texto e mudar o contraste da tela para facilitar a visualização dos dados; o *site* ainda oferece compatibilidade com leitores de tela, facilitadores do acesso à informação para quem tem alguma deficiência visual.

Por fim, vale enfatizar que compete ao poder público possibilitar que todo e qualquer cidadão tenha a capacidade de acompanhar os atos do governo. Por outro lado, os cidadãos devem cobrar um tratamento igualitário ao se disponibilizarem as informações.

> *Para saber mais*
>
> Faça uma pesquisa no portal Goiás Transparente e compare as informações disponibilizadas com aquelas do Portal da Transparência do Governo Federal.
>
> GOIÁS TRANSPARENTE. Disponível em: <http://www.transparencia.go.gov.br/portaldatransparencia/>. Acesso em: 28 out. 2020.
>
> PORTAL DA TRANSPARÊNCIA. Disponível em:<http://www.portaltransparencia.gov.br/>. Acesso em: 28 out. 2020.

Consultando a legislação

O **Decreto n. 11.440, de 25 de maio de 2017** regulamenta a política de acesso às informações públicas no âmbito do município de Osasco (SP) e institui regras específicas e complementares às normas gerais da LAI.

> OSASCO. Decreto n. 11.440, de 25 de maio de 2017. **Imprensa Oficial do Município de Osasco**, 26 maio 2017. Disponível em: <https://leismunicipais.com.br/a/sp/o/osasco/decreto/2017/1144/11440/decreto-n-11440-2017-regulamenta-a-politica-de-acesso-as-informacoes-publicas-no-ambito-do-municipio-de-osasco-bem-como-institui-regras-especificas-complementares-as-normas-gerais-estabelecidas-pela-lei-n-12527-de-18-de-novembro-de-2011-lei-de-acesso-a-informacao-e-da-outras-providencias>. Acesso em: 6 set. 2020.

Síntese

Neste quarto capítulo, abordamos a transparência, uma instância do *accountability*. Esclarecemos o papel de cada um dos instrumentos e das ferramentas de transparência no planejamento e na execução da gestão pública, considerando que não basta apenas ser eficiente e idônea, a gestão pública deve dar publicidade a seus atos.

Vimos a importância da transparência pública como ferramenta de gestão e seus aspectos políticos no Brasil, ou seja, as leis que dão legitimidade para a sociedade cobrar transparência dos atos públicos.

Por fim, identificamos os aspectos legais que pautam o esforço do poder público em dar transparência a seus atos, bem como os espaços em que podemos buscar informações de forma ativa ou passiva. Com esses recursos e o acesso às informações, podemos afirmar que a transparência dos atos do governo começa a fazer parte de nosso dia a dia.

Questões para revisão

1. Avalie as asserções a seguir e a relação proposta entre elas.

    I. A responsabilidade do ente público em dar transparência a seus atos é um princípio legal ensejado pela sociedade, pois dar transparência aos atos vai ao encontro do princípio da publicidade da gestão pública.

    PORQUE

    II. A democracia tem se feito presente no dia a dia da sociedade em tudo o que é necessário a sua participação, e não apenas na época das eleições.

    Agora, marque a alternativa correta:

    a. As asserções I e II são verdadeiras, e a II é uma justificativa da I.
    b. As asserções I e II são verdadeiras, mas a II não é uma justificativa da I.
    c. A asserção I é verdadeira, e a II é falsa.
    d. A asserção I é falsa, e a II é verdadeira.
    e. As asserções I e II são falsas.

2. A transparência pública se baseia em grande parte na Lei de Acesso à Informação (LAI) e pode ser classificada de duas formas: uma é aquela que se fornecem as informações sem a solicitação do cidadão; outra é aquela em que se repassam as informações após um pedido formal.

Qual é o tipo de transparência que apresenta as informações sem o pedido do cidadão?

a. Ativa.
b. Passiva.
c. Gratuita.
d. De promoção.
e. De formalidade.

3. O objetivo da transparência é dotar os cidadãos de informações para que saibam o que está ocorrendo no meio público. Como fundamento do *accountability*, a transparência visa possibilitar a ação da sociedade na gestão pública.

Sobre esses aspectos, analise as afirmações a seguir.

I. O cidadão se empodera ao ter acesso às informações dos atos do governo, e isso é a base de uma democracia – o cidadão conhece as ações governamentais e compreende seus impactos na sociedade.

II. A transparência deve fazer parte do dia a dia dos agentes públicos e da sociedade, que passa a conhecer os princípios jurídicos de sua participação no controle e na avaliação dos atos do governo.

III. A população toma conhecimento dos atos do governo nas mais diversas instâncias, do governo federal às prefeituras. Com isso, a sociedade se torna mais próxima da gestão, compreendendo as lógicas adotadas no gerenciamento do bem público.

É correto o que se afirma em:

a. I apenas.
b. III apenas.
c. I e II apenas.
d. II e III apenas.
e. I, II e III.

4. O *accountability* é formado por três elementos: *answerability*, *responsiveness* e *enforcement*. Explique cada um deles.

5. O Brasil tem um portal de dados abertos. Descreva o que é esse portal e as informações que podem ser nele acessadas.

Questões para reflexão

1. Por que é tão importante que tanto o gestor público quanto os cidadãos conheçam as regras legais da publicidade legal?

2. Podemos classificar a transparência pública em dois tipos: a transparência ativa e a transparência passiva. Como podemos diferenciá-las no que se refere à disponibilização das informações?

capítulo cinco

Transparência, participação cidadã e prestação de contas

Conteúdos do capítulo:

- Controle social e sua interface com os controles externo e interno.
- Sociedade e participação na transparência pública.
- Sistema e-gov.
- Responsabilidade fiscal e transparência.

Após o estudo deste capítulo, você será capaz de:

1. diferenciar a tríade do controle: social, interno e externo;
2. entrever como a sociedade pode participar no controle da gestão pública;
3. reconhecer as potencialidades do governo eletrônico;
4. analisar a transparência com base na Lei de Responsabilidade Fiscal (LRF).

Ser transparente é prestar contas, dar satisfação a outrem. Por exemplo, um funcionário deve prestar contas de suas atividades, seus afazeres e suas tarefas para seu gestor. Ampliando esse raciocínio, podemos entender que os entes públicos são eleitos, indicados e concursados para gerenciar o social, ou seja, a estrutura que organiza a sociedade em busca do bem-estar de todos.

Desse modo, esperamos um retorno dos entes públicos, do nível federal ao municipal, dos poderes Executivo, Legislativo e Judiciário. Não votamos para eleger juízes, pois eles devem passar por concurso público; não votamos nos ministros ou secretários de Estado. Porém, votamos no chefe do Executivo (presidente, governador, prefeito), e este escolhe sua equipe. Então, o que permeia a ação de todos os servidores públicos? A lei e os anseios da sociedade. Nesse contexto, a transparência pública é tanto uma questão legal quanto uma exigência da população.

Assim, desejamos transparência nos atos públicos para que tenhamos maior controle, a fim de que sejam atendidos os interesses públicos de fato, e não os interesses privados.

5.1 Controle público e sua interface com os órgãos de controle interno e externo

No Capítulo 2, discutimos as três formas de controle dos atos públicos do Poder Executivo. Lembra-se delas?

- Controle social: exercido pela sociedade.
- Controle externo: exercido pelo Congresso Nacional e pelo Tribunal de Contas da União (TCU), ou seja, um dos poderes sobre o outro.
- Controle interno: referente aos mecanismos de controle dos próprios órgãos.

O Quadro 5.1 sintetiza os tipos de controle.

Quadro 5.1 – *Tipos de controle dos atos públicos*

Controle	Descrição
Externo	"busca assegurar a regularidade formal e a adequação substantiva aos reclamos do interesse público, por meio do dever de fiscalização e revisão, a cargo de um Poder, em face dos atos emanados de outro".
Interno	"realizado pelo próprio ente público ante suas específicas atividades, em função da autotutela e do interesse em zelar pela regularidade e conformidade de suas ações, decorrente da capacidade de comando e da superioridade hierárquica detida pelo dirigente ou por ele delegada a unidade criada para desempenhar tarefas de monitoramento, fiscalização, auditoria, apuração e responsabilização".
Social	"o conjunto de cidadãos ou cada sujeito integrante da sociedade, como contribuinte do corpo coletivo institucionalizado, pode e se interessa por verificar o adequado uso e a correta destinação dos recursos amealhados coercitivamente pela tributação que incide sobre todos".

Fonte: Ungaro, 2014, p. 63-34.

Assim, precisamos entender como se dá a interface entre essas formas de controle para que haja uma transparência de 360° que permita ao cidadão apreciar criticamente os atos dos entes públicos, ampliando sua participação na gestão pública. Com isso, vivenciamos o ápice da democracia, com o Estado de fato sendo a expressão da coletividade.

> O Estado evolui rumo à responsabilidade de seus atores e ao controle de suas instituições, desde a clássica concepção da tripartição dos poderes até as formas atuais de monitoramento difuso do uso das funções estatais por meios eletrônicos remotos de acesso universal, como a internet e os portais de transparência da ação governamental. Tal evolução favorece a gestão republicana do aparato público e fomenta sua vinculação às finalidades de interesse geral que justificam sua existência e

> conformação, atuando os órgãos de controle interno e externo de modo complementar e fundamental, em interação com as diversas e crescentes maneiras de exercício do controle social, zelando para a plenitude dos princípios constitucionais e pela efetividade dos postulados democráticos. (Ungaro, 2014, p. 70-71)

Os três tipos de controle devem estar em sintonia para a correção de malfeitos e devem servir de instrumento de transparência para publicitar os atos dos entes públicos. Por exemplo, o TCU é uma forma de controle externo, porém os resultados de seus trabalhos devem estar acessíveis à sociedade.

Figura 5.1 – Interface entre as formas de controle

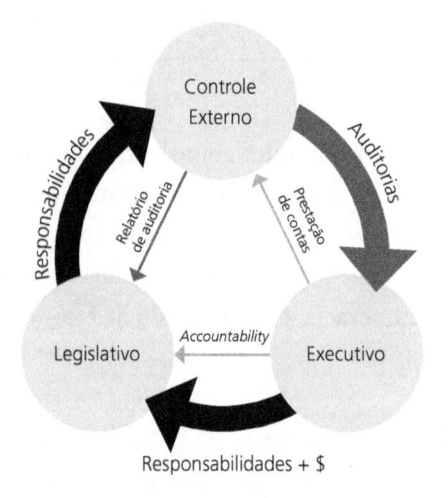

Fonte: Bemerguy, [S.d.].

Pela Figura 5.1, podemos notar que existe uma interconexão entre as formas de controle, e suas ferramentas, ao serem compartilhadas, são capazes de ampliar o grau de transparência dos atos públicos. Isso não ocorre por acaso, visto que

> a própria CF/88 cuida de assegurar os laços de conexão entre os diferentes tipos de controle, de forma a favorecer a transparência das ações e robustecer o sistema de fiscalização das ações ocorridas dentro da máquina pública. Assim, o controle interno deve contribuir para o desempenho do controle externo e, se aquele toma conhecimento de fato irregular, deve dele dar ciência ao TC [Tribunal de Contas], sob pena de responsabilidade solidária. (Serra; Carneiro, 2012, p. 48)

Trata-se, pois, de um sistema que vai alinhar as mais diversas demandas, uniformizar as informações e ser, em seu conjunto, uma base de informações que torna possível que os cidadãos contribuam diretamente com o próprio controle interno do órgão, com as instâncias externas e até mesmo com a fundação de organizações não governamentais que objetivem controlar os atos públicos e dar-lhes maior transparência.

> Nessa esteira, passa-se não apenas a planejar as ações e políticas públicas, mas também a avaliá-las, examinando sua adequação aos instrumentos de planejamento e analisando seus resultados. E mais, incluindo a presença da sociedade nos momentos de planejamento e controle, garantindo, na prática, a realização do aspecto democrático do Estado brasileiro.
>
> É dessa maneira que o *locus* do controle passa a ser arena de possível defesa de interesse público pelo próprio cidadão. Ao situar junto aos controles interno e externo da AP [administração pública] ferramentas para ação do controle social, o que o Estado faz é, de um lado, instrumentalizar a formação de parcerias entre a sociedade e a administração, propiciando a participação popular na condução da conformação da ação pública, e, de outro,

> reforçando os controles interno e externo, que passam a utilizar o controle social como ferramenta para o aprimoramento de suas atividades típicas. (Serra; Carneiro, 2012, p. 48)

> Segundo notícia publicada em 30 de janeiro de 2020, o Ministério Público pediu ao TCU para analisar o uso de aviões da Força Aérea Brasileira (FAB) por autoridades. Veja mais informações no *link* indicado a seguir. LIS, L. Ministério Público pede ao TCU para avaliar uso de aviões da FAB por autoridades. **G1**, 30 jan. 2020. Disponível em: <https://g1.globo.com/politica/noticia/2020/01/30/ministerio-publico-pede-ao-tcu-para-avaliar-uso-de-avioes-da-fab-por-autoridades.ghtml>. Acesso em: 6 set. 2020.

Com essa interface de controle e a transparência como ferramenta de gestão, o ente público pode trabalhar no controle desde sua forma prévia, passando pelo controle simultâneo, pelo controle posterior e pelo controle finalístico. Isso porque todos os atos públicos devem ser planejados; assim, é possível seu monitoramento para correção e até mesmo para aumento de esforços na busca da excelência.

Quadro 5.2 – Do controle prévio ao finalístico

Controle	Descrição
Prévio	"é preventivo e tem por objetivo impedir que seja praticado ato ilegal ou contrário ao interesse público".
Simultâneo	"acompanha a atuação administrativa no momento em que ela se verifica".
Posterior	"tem por objetivo fazer uma revisão dos atos praticados para corrigi-los, desfazê-los ou confirmá-los".
Finalístico	"é aquele em que se verifica a adequação do objetivo do ato ao programa geral do governo. Esse controle não decorre da relação de subordinação entre os órgãos da administração pública, mas da obrigatoriedade de todos os atos serem praticados de acordo com as diretrizes governamentais".

Fonte: Vilhena et al., 2015, p. 11.

Portanto, o cidadão amplia seu escopo de atuação, principalmente ao alinhar a busca de informações nos mais diversos setores, ao participar de audiências públicas e ao usar o canal das ouvidorias para representações, denúncias e até mesmo elogios às práticas da gestão pública. Com isso, a sociedade é convocada a participar, pois de nada adianta haver ferramentas de controle se os cidadãos não fizerem uso delas.

5.2 *Participação da sociedade no controle e na transparência da gestão pública*

Como acabamos de mencionar, a participação da sociedade é a chave para que haja uma gestão pública eficaz e transparente. Imagine que você, depois de ler este livro, saberá exatamente como participar, controlar e ter acesso às informações do ente público. A pergunta é: O que você vai fazer com tudo isso, com essa "caixa de ferramentas"? Sem a participação da sociedade, não há sistema de controle que funcione.

Logo, reafirmamos que o controle social é um elemento que sustenta o tripé do controle dos atos públicos e, sem ele, os demais controles ficariam "bambos", ou seja, os três controles são interdependentes. A participação social é de vital importância, pois "é um mecanismo de prevenção da corrupção e de fortalecimento da cidadania. [...] Assim, o controle social revela-se como complemento indispensável ao controle institucional, exercido pelos órgãos fiscalizadores" (Brasil, 2012a, p. 9).

No Brasil da atualidade, existem diversas ferramentas de controle e prestação de contas oriundas principalmente da Lei de Responsabilidade Fiscal (LRF) e da Lei de Acesso à Informação (LAI). Além disso, é possível acompanhar campanhas de instrução aos cidadãos sobre como participar de forma efetiva das decisões públicas.

> Percebe-se a existência de diversos canais de interação entre a cidadania e o Poder Público, constatando-se que as unidades públicas dedicadas a zelar pela regularidade administrativa encontram-se majoritariamente abertas à participação do cidadão, sendo esta a diretriz apregoada pela Constituição brasileira consagradora do Estado Democrático de Direito. (Ungaro, 2014, p. 66)

Já vimos os três instrumentos que permitem aos cidadãos participar do planejamento de gestão e de finanças dos órgãos executivos. Lembra-se deles? Estamos nos referindo ao Plano Plurianual (PPA), à Lei de Diretrizes Orçamentárias (LDO) e à Lei Orçamentária Anual (LOA).

Vamos considerar aqui o caso da LOA. "O manejo da Lei Orçamentária Anual (LOA) deve obedecer aos princípios, definidos na Lei n. 4.320/1964, conhecida como Lei das Finanças Públicas, que são: unidade, universalidade, anualidade, equilíbrio, publicidade, especialização, exclusividade e orçamento bruto" (Brasil, 2012a, p. 19), como ilustra a Figura 5.2. É importante que conheçamos cada um dos elementos citados para que possamos, de fato, contribuir para a elaboração de uma LOA eficaz.

Figura 5.2 – Manejo da LOA

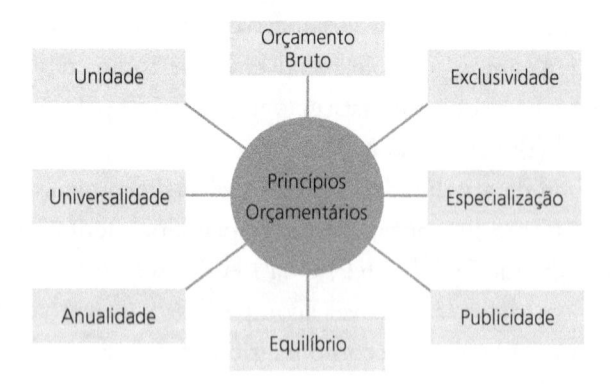

Princípios Orçamentários: Unidade, Orçamento Bruto, Exclusividade, Especialização, Publicidade, Equilíbrio, Anualidade, Universalidade.

Fonte: Brasil, 2012a, p. 19.

Vejamos como a Controladoria-Geral da União (CGU) explica essa lógica de manejo:

> De acordo com esses princípios, em cada exercício financeiro deve haver apenas um orçamento (unidade) para cada ente federativo, o qual deve abranger todas as receitas a serem arrecadadas e todas as despesas a serem realizadas (universalidade). O orçamento deve tratar apenas de receitas e despesas, sendo permitida autorização de abertura de créditos suplementares e contratação de operações de crédito (exclusividade). Deve ter vigência de um ano (anualidade) e cuidar para que as despesas não ultrapassem as receitas (equilíbrio). Deve ser publicado nos diários oficiais (publicidade), discriminar as receitas e despesas (especialização) e apresentar-se sem deduções (orçamento bruto). (Brasil, 2012a, p. 19)

Portanto, a participação cidadã pode contribuir para que não se cometa nenhum equívoco quando da elaboração da LOA e de outras políticas públicas. Aliás, os cidadãos devem ter consciência de como podem e devem participar, exercer sua cidadania. O portal Politize! apresenta 23 maneiras para o exercício da cidadania que vão além do voto (Iozzi, 2016), algumas das quais já discutimos neste livro. Entre essas formas está a participação em conselhos temáticos, audiências públicas, sessões legislativas e reuniões de orçamento participativo (OP), bem como o acompanhamento do Portal da Transparência.

A propósito, se em sua cidade não existem tais inciativas, procure incentivar sua criação. É necessário que os cidadãos façam sua parte na esfera pública. Imagine que você pretenda organizar em seu município um conselho de alimentação escolar. O Quadro 5.3 mostra como deveria ser sua estrutura.

Quadro 5.3 – Estrutura de um conselho de alimentação escolar

Conselho de Alimentação Escolar	
O que faz	Quem faz parte
• Controla o dinheiro para a merenda. Parte da verba vem do Governo Federal. A outra parte vem da prefeitura. • Verifica se o que a prefeitura comprou está chegando às escolas. • Analisa a qualidade da merenda comprada. • Examina se os alimentos estão bem guardados e conservados. • Deve se reunir frequentemente.	• Representante(s) da prefeitura. • Representante(s) da câmara municipal. • Representante(s) dos professores. • Representante(s) de pais de alunos. • Representante(s) de um sindicato ou associação rural (cada órgão ou entidade indica seu representante).

Fonte: Brasil, 2012a, p. 22.

> Segundo o portal Fato Amazônico, a ouvidoria do Tribunal Regional do Trabalho da 11ª Região (AM/RR) solucionou 92,52% das manifestações de cidadãos recebidas em 2019. Para saber mais, acesse o *link* indicado a seguir.
> OUVIDORIA do TRT11 solucionou 99,52% das manifestações recebidas em 2019. **Fato Amazônico**, 1º fev. 2020. Disponível em: <https://www.fatoamazonico.com/ouvidoria-do-trt11-solucionou-9952-das-manifestacoes-recebidas-em-2019/>. Acesso em: 6 set. 2020.

Reafirmamos que os cidadãos devem se mobilizar para participar da agenda pública e ter voz nas definições das políticas. Também devem denunciar atos que vão de encontro às premissas legais e aos anseios da sociedade. Qualquer cidadão ou instituição pode fazer uma denúncia, levando em consideração o que está sendo denunciado e para quem. A seguir, no Quadro 5.4, apresentamos uma relação sintetizada de instituições parceiras da sociedade civil.

Quadro 5.4 – Instituições que recebem denúncias

Instituição	O que faz
Controladoria-Geral da União (CGU)	"A CGU recebe denúncias relativas à defesa do patrimônio público, ao controle sobre a aplicação dos recursos públicos federais".
Tribunal de Contas da União (TCU)	"Ao TCU cabe a fiscalização dos atos que envolvam a utilização de recursos públicos federais. Para irregularidades que envolvam a utilização de recursos públicos estaduais ou municipais, deve-se oferecer denúncia ao Tribunal de Contas do Estado ou ao Tribunal de Contas do Município, quando existir".
Tribunais de Contas dos Estados (TCEs)	"Existem em todos os estados. Fazem fiscalizações e auditorias, por iniciativa própria ou por proposta do Ministério Público, além de examinar e julgar a regularidade das contas dos gestores públicos estaduais e municipais (nos estados onde não existem Tribunais de Contas de Municípios). Esses gestores podem ser governadores, prefeitos, secretários estaduais e municipais, ordenadores de despesas e dirigentes de autarquias, fundações, empresas públicas ou sociedades de economia mista".
Tribunais de Contas dos Municípios (TCMs)	"Existem apenas em quatro estados (Bahia, Ceará, Goiás e Pará) e em dois municípios específicos (Rio de Janeiro e São Paulo). Analisam e julgam anualmente as contas das prefeituras".
Ministério Público Estadual (MPE) e Ministério Público Federal (MPF)	"Os promotores de Justiça, integrantes do Ministério Público, defendem os interesses da sociedade, portanto também recebem e investigam denúncias de desvios de dinheiro público e denunciam os envolvidos à Justiça para o julgamento e a punição. A diferença entre os dois é o âmbito de atuação: o MPF atua nos casos que envolvem recursos federais e o MPE, quando os recursos forem estaduais".
Câmaras de Vereadores e Assembleias Legislativas	"Fiscalizam as prefeituras e os governos estaduais, recebem e apuram denúncias e podem até afastar administradores envolvidos em corrupção (prefeitos, governadores, secretários etc.)".
Poder Judiciário (juízes e Tribunais de Justiça)	"São eles que dão a última palavra: decidem quem vai ou não para a cadeia, quem perde ou não o mandato etc. Mas eles só podem agir se forem acionados por alguém, pelo promotor de Justiça, por exemplo, ou por qualquer pessoa, mas neste caso precisa ser assistida por um advogado".

Fonte: Brasil, 2012a, p. 37-38.

Espera-se a participação da sociedade e, para que isso ocorra, o cidadão deve estar consciente de seu campo de atuação, conhecer as leis e as ferramentas e, acima de tudo, difundir tais práticas. Hoje em dia, com o advento da tecnologia, a participação cidadã se tornou mais acessível, isso alinhado ao refinamento das leis que privilegiam a participação popular.

5.3 *Governo digital: transparência e cidadania*

Atualmente, quase a totalidade da população brasileira, quiçá mundial, faz parte da transformação digital que tem alterado a forma como nos relacionamos. Um bom exemplo são os telefones públicos; antigamente eram indispensáveis para a comunicação entre as pessoas, porém, com o passar do tempo e a facilidade de acesso a telefones móveis, a oferta desse tipo de serviço foi reduzida. Aplicativos de comunicação instantânea, como o WhatsApp e o Telegram, têm sido utilizados por grande parte da população, além das redes e mídias sociais, como o Facebook, o Instagram e o Twitter, verdadeiros meios de obter informação e cultivar relacionamentos.

Se o governo deve estar onde o povo está, nada mais plausível que o governo esteja também nas redes e mídias sociais. E não é só isso: com a atuação na grande rede, o governo pode potencializar suas ações de transparência ativa, dando cada vez mais espaço para a população participar e interagir com ele, assim como prestar serviços *on-line*, o que acaba por facilitar a vida do cidadão. Se avançarmos ainda mais nessa análise, teremos de considerar a relação entre países e organizações, como a Organização das Nações Unidas (ONU). Vejamos, na Figura 5.3, a lógica da constituição de um e-gov, isto é, *electronic government*, ou "governo eletrônico", em português.

Figura 5.3 – Arquitetura de um e-gov

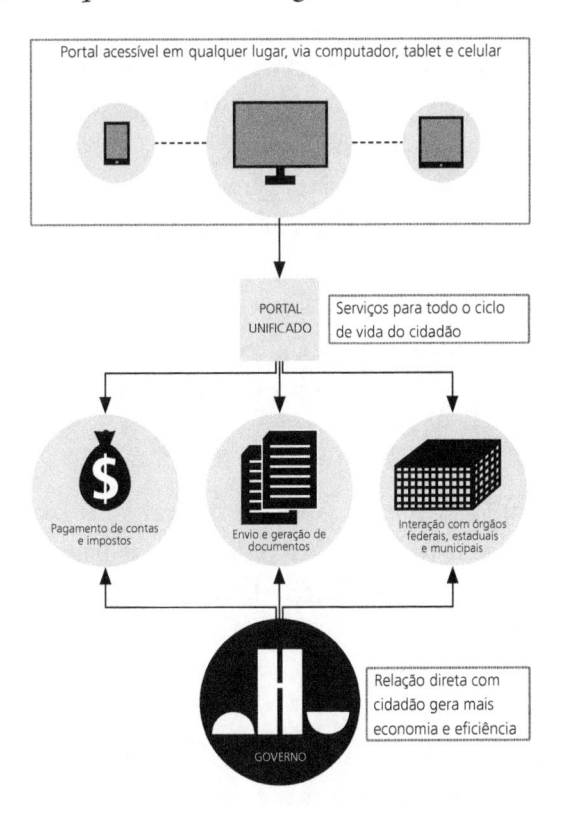

[Diagrama: Portal acessível em qualquer lugar, via computador, tablet e celular → PORTAL UNIFICADO (Serviços para todo o ciclo de vida do cidadão) → Pagamento de contas e impostos; Envio e geração de documentos; Interação com órgãos federais, estaduais e municipais → GOVERNO (Relação direta com cidadão gera mais economia e eficiência)]

Fonte: Serpro, 2020.

Esses espaços também possibilitam que o governo preste contas e tenha um canal de ouvidoria, instale fóruns de discussão e realize a prestação de serviços. É difícil encontrar alguma prefeitura no Brasil que ainda não tenha um *site* no qual apresente atos, atividades, tarefas e ações para a sociedade, bem como sua estrutura administrativa. Sem dúvida, o e-gov passou a ser uma ferramenta indispensável para a transparência pública, fruto da lógica da nova administração pública. É a chamada **transparência 2.0**, com a relação cidadão-governo acontecendo por intermédio da *web*.

> A literatura tem apontado o governo eletrônico como um quesito importante para as reformas da Administração Pública realizadas por diferentes governos (MANNING et al., 2009; PACHECO, 2010). Tais reformas buscam a flexibilização da estrutura burocrática com o objetivo de alcançar melhor eficiência de gestão pública e de atingir melhores desempenhos no que se refere à prestação dos serviços públicos. É o que Manning et al. (2009) chamam de responsividade governamental, concernente a "o que se faz", "quando se faz" e à preocupação com o desempenho público, o que se refere a "como se faz". (Mazzei; Castro, 2016, p. 50)

Por exemplo, o *site* do governo federal (<https://www.gov.br/pt-br>) foi desenvolvido para unir todas as páginas do Poder Executivo federal em um endereço eletrônico apenas. Vejamos mais sobre esse canal:

> **O portal Gov.br**
> O portal Gov.br foi criado com o objetivo de unificar em um só domínio todas as páginas do Poder Executivo Federal.
>
> Hoje, o portal contém três grupos de conteúdo principais:
>
> + Atividades da Presidência da República
> + Notícias relacionadas às atividades do Governo Federal
> + Os serviços públicos e a loja de aplicativos dos órgãos da Administração Pública Federal.
>
> Até o final de 2020, serão migrados para o portal Gov.br as páginas institucionais de órgãos e entidades da Administração Federal e também todos os aplicativos

governamentais, a fim de que seja alcançado o objetivo de unificar os canais digitais existentes.

Serviços Públicos Federais

O objetivo do Gov.br em relação aos serviços públicos federais é disponibilizar informações e orientações sobre todos os serviços disponíveis ao cidadão, para que este saiba como obtê-los (seja por meio de canal digital ou não).

O Portal Gov.br incorporou o antigo Portal de Serviços do Governo Federal, passando a ser oficialmente a Carta de Serviços ao Cidadão de todos os órgãos e entidades do Poder Executivo Federal.

Entre os anos de 2017 e 2018 o primeiro grande esforço conjunto de cadastro de serviços federais foi realizado através do Censo de Serviços Públicos. Desde então, é responsabilidade dos órgãos atualizar e melhorar as informações de seus serviços e, para tanto, cada órgão e entidade federal deve ter pelo menos um servidor responsável por cadastrar os seus serviços e por atualizá-los periodicamente. Este servidor terá acesso à área logada de administradores do Gov.br.

A Carta de Serviços

A Carta de Serviços é um instrumento previsto e regulamentado por meio do Decreto 9.094/2017 e da Lei 13.460/2017. Em poucas palavras, consiste em reunir informações básicas sobre os serviços prestados pelos órgãos ou entidades federais, tais como:

- Informações sobre o serviço oferecido;
- Requisitos e documentos necessários para acessar o serviço;

- Etapas para processamento do serviço;
- Prazo para a prestação do serviço;
- Forma de prestação do serviço;
- Forma de comunicação com o solicitante do serviço; e
- Locais e formas de acessar o serviço.

A legislação prevê que a carta de serviços deve ser disponibilizada em locais físicos de atendimento ao cidadão e também no portal de serviços do governo federal, que hoje é o Portal Gov.br.

Os campos disponíveis na ferramenta de conteúdo do Portal Gov.br foram desenvolvidos a fim de atender às exigências dos normativos, com flexibilidade para complementação de outras informações.

Censo de Serviços Públicos Federais
O Censo de Serviços foi um projeto desenvolvido em 2017 e 2018 pelo Ministério da Economia (antigo Ministério do Planejamento) e pela Escola Nacional de Administração Pública (ENAP) com o objetivo de:

- Uniformizar o conceito de serviço público adotado pela Administração Federal;
- Identificar os serviços públicos existentes nos órgãos e entidades federais; e
- Levantar as informações básicas dos serviços para atualização do antigo Portal de Serviços, hoje Portal Gov.br. (Brasil, 2020n)

No *site*, o governo federal tem um espaço que apresenta todos os serviços, como é mostrado na Figura 5.4.

Figura 5.4 – Serviços em destaque no Portal Gov.br em novembro de 2020

≡ Governo do Brasil

Serviços para o Cidadão
SERVIÇOS EM DESTAQUE

Outros Serviços	Outros Serviços	Para o cidadão
Contestar o resultado do Auxílio Emergencial (Coronavírus - COVID 19)	Devolver o Auxílio Emergencial (Coronavírus - COVID 19)	Sacar o Abono Salarial

Para o cidadão	Para o cidadão	NOVO — Inclusão Digital
Solicitar o Seguro-Desemprego (SD)	Carteira de Trabalho	Assinatura Eletrônica

Fonte: Brasil, 2020m.

Essa temática é de tamanha importância que até a ONU versa sobre ela, inclusive indicando estágios de implementação do governo eletrônico no que se refere à transparência, descritos no Quadro 5.5.

Quadro 5.5 – Estágios de implementação do governo eletrônico propostos pela ONU

Estágio	O que ocorre
I – Emergente	"nota-se uma simples presença on-line do governo".
II – Aprimorado	"existem mais dados e informações sobre o governo e os links para tais informações podem ser facilmente acessados por meio do portal".
III – Interativo	"os portais permitem a realização de serviços on-line".
IV – Transacional	"os portais passam a permitir a comunicação dos governos com os cidadãos em uma via em duplo sentido. Transações podem ser realizadas on-line".
V – Conectado	"o governo se transforma em uma entidade conectada que permite responder às necessidades dos cidadãos por meio do desenvolvimento de uma infraestrutura integrada".

Fonte: Mazzei; Castro, 2016, p. 54.

Avalie o portal de seu estado ou de seu município para identificar em que estágio está. E quanto à transparência?

Os estágios indicados pela ONU são complementados pela proposta de Heeks (2004 citado por Mazzei; Castro, 2016) para classificar o nível de e-transparência, ou seja, de transparência eletrônica.

Quadro 5.6 – Classificação da e-transparência

Nível	O que ocorre
Publicação	"apenas fornecer informações básicas sobre uma determinada área do governo".
Transação	"automatização de alguns processos do setor público e elaboração de relatórios sobre esse processo".
Reportagem	"fornecer detalhes específicos sobre as decisões e ações do setor público (por exemplo, através de indicadores de desempenho)".
Abertura	"permitindo aos usuários comparar o desempenho do funcionário público considerando os preestabelecidos *benchmarks*".
Prestação de contas	"permitindo que os usuários exerçam algum mecanismo de controle (por exemplo, recompensa ou punição) sobre os serviços públicos".

Fonte: Mazzei; Castro, 2016, p. 54.

Os governos devem se empenhar ao máximo em alcançar o maior nível de interação com os cidadãos, da prestação de serviços até a divulgação de suas ações, colocando a transparência e a ação cidadã em primeiro lugar. Mazzei e Castro (2016, p. 55) destacam ainda os estudos de Prado (2004), que "construiu uma tipologia com base em três categorias de análise de disponibilização de informações com foco em prestação de contas", como mostra o Quadro 5.7.

Quadro 5.7 – Categorias de disponibilização de informações públicas

Nível	O que ocorre
Publicização	"análise da disponibilidade de informações sobre as contas públicas, disponibilizadas em websites".
Prestação de contas	"uma etapa de análise mais avançada, pois além de verificar a disponibilidade das informações sobre as contas públicas, verifica também a existência de justificativas por parte da administração, sobre as contas apresentadas".
Responsabilização (*accountability*)	"análise do ciclo completo da *accountability*, com início na prestação de contas, mas avançando até a existência de possíveis sanções e incentivos provindos da prestação de contas pela administração".

Fonte: Mazzei; Castro, 2016, p. 55.

Como mencionamos, a ONU tem se esforçado para que cada vez mais as nações passem a atender os cidadãos por meio digital. A organização criou o Índice de Desenvolvimento de Governo Eletrônico (*E-Government Development Index* – EGDI, em inglês), definido por uma pesquisa "realizada a cada dois anos, [...] [que] mede a efetividade das ações de transformação digital do governo na prestação de serviços públicos nos países membros e tenta identificar padrões de desenvolvimento e desempenho dessas iniciativas" (Brasil, 2018b).

Segundo notícia publicada no portal da Rede de Inovação no Setor Público (InovaGov) em 20 de julho de 2019, o Brasil subiu sete posições no índice de governo eletrônico da ONU. Veja mais informações no *link* indicado a seguir.
DANTAS, T. Brasil sobe 7 posições em índice de governo eletrônico da ONU. **InovaGov**, 20 jul. 2018. Disponível em: <http://inova.gov.br/brasil-sobe-7-posicoes-em-indice-de-governo-eletronico-da-onu/>. Acesso em: 6 set. 2020.

Além da ONU, outras entidades nacionais premiam e destacam os governos eletrônicos que apresentam políticas para promover o maior engajamento do cidadão, como o Prêmio Excelência em Governo Eletrônico – e-Gov, criado em 2002 pela Associação Brasileira de Entidades Estaduais de Tecnologia da Informação e Comunicação (Abep) e pelo Ministério do Planejamento, Desenvolvimento e Gestão (Secop, 2019). A premiação acontece uma vez por ano e "tem como objetivos reconhecer e incentivar o desenvolvimento de projetos e soluções de governo eletrônico que aprimorem a administração pública e ofereçam melhores serviços ao cidadão" (Secop, 2019).

No advento do avanço tecnológico, os entes públicos têm uma excelente oportunidade de criação de um portal e-gov que possa tornar-se mais uma ferramenta de *accountability*.

> A eficácia de mecanismos de *accountability* está intrinsecamente relacionada, não somente a um governo que leva em conta os interesses dos cidadãos, mas também às condições que estes têm de distinguir aqueles representantes que agem na produção de políticas públicas que atendam ao interesse coletivo daqueles que defendem interesses particulares. (Lima Filho et al., 2011, p. 20)

Além disso, os entes públicos devem fixar diretrizes que garantam a infraestrutura necessária para que todos os cidadãos tenham acesso à internet.

5.4 Lei de Responsabilidade Fiscal (LRF) e transparência: instrumentos legais de responsabilidade na gestão fiscal

Agora vamos voltar ao tema da LRF, lei que se constituiu em um divisor de águas no Brasil no que se refere à transparência e à lisura na gestão pública. Os recursos, materiais, intelectuais, financeiros etc., são finitos, por isso cabe ao governo planejar bem como fará uso deles. Por exemplo, em uma situação de crise econômica em que a arrecadação diminui, o governo deve tomar medidas de austeridade para garantir a manutenção de suas políticas e ações.

> A Lei de Responsabilidade Fiscal emerge como um verdadeiro código de conduta para os administradores públicos na gestão das finanças públicas de todas as esferas de governo. A referida lei objetiva melhorar a administração das contas públicas do Brasil, proporcionando transparência e equilíbrio à gestão pública, pressupondo uma ação preventiva e voltada para correção de qualquer desvio que possa afetar o equilíbrio do patrimônio público, estabelecendo assim limites e condições. (Amorim, 2019)

> Essa lei complementar foi um divisor na história das finanças públicas no Brasil e em termos de responsabilidade na gestão dos recursos públicos, tornando-se uma espécie de código para orientar a conduta dos administradores públicos, impondo-lhes, de um lado, regras e limites e exigindo prestação de contas da utilização dos recursos públicos, e, de outro, abrindo espaço para responsabilização e aplicação de sanções pessoais. (Paludo, 2013, p. 296)

Vejamos agora o que determina este trecho do Capítulo IX da LRF, que trata dos instrumentos da transparência, do controle e da fiscalização:

> CAPÍTULO IX
>
> DA TRANSPARÊNCIA, CONTROLE E FISCALIZAÇÃO
>
> Seção I
>
> Da Transparência da Gestão Fiscal
>
> Art. 48. São instrumentos de transparência da gestão fiscal, aos quais será dada ampla divulgação, inclusive em meios eletrônicos de acesso público: **os planos, orçamentos e leis de diretrizes orçamentárias; as prestações de contas e o respectivo parecer prévio; o Relatório Resumido da Execução Orçamentária e o Relatório de Gestão Fiscal; e as versões simplificadas desses documentos.**
>
> § 1º A transparência será assegurada também mediante:
>
> I – incentivo à participação popular e realização de audiências públicas, durante os processos de elaboração e discussão dos planos, lei de diretrizes orçamentárias e orçamentos;
>
> II – liberação ao pleno conhecimento e acompanhamento da sociedade, em tempo real, de informações pormenorizadas sobre a execução orçamentária e financeira, em meios eletrônicos de acesso público;
>
> III – adoção de sistema integrado de administração financeira e controle, que atenda a padrão mínimo de qualidade estabelecido pelo Poder Executivo da União e ao disposto no art. 48-A.

§ 2º A União, os Estados, o Distrito Federal e os Municípios disponibilizarão suas informações e dados contábeis, orçamentários e fiscais conforme periodicidade, formato e sistema estabelecidos pelo órgão central de contabilidade da União, os quais deverão ser divulgados em meio eletrônico de amplo acesso público.

§ 3º Os Estados, o Distrito Federal e os Municípios encaminharão ao Ministério da Fazenda, nos termos e na periodicidade a serem definidos em instrução específica deste órgão, as informações necessárias para a constituição do registro eletrônico centralizado e atualizado das dívidas públicas interna e externa, de que trata o § 4º do art. 32.

§ 4º A inobservância do disposto nos §§ 2º e 3º ensejará as penalidades previstas no § 2º do art. 51.

§ 5º Nos casos de envio conforme disposto no § 2º, para todos os efeitos, a União, os Estados, o Distrito Federal e os Municípios cumprem o dever de ampla divulgação a que se refere o caput.

§ 6º Todos os Poderes e órgãos referidos no art. 20, incluídos autarquias, fundações públicas, empresas estatais dependentes e fundos, do ente da Federação devem utilizar sistemas únicos de execução orçamentária e financeira, mantidos e gerenciados pelo Poder Executivo, resguardada a autonomia.

Art. 48-A. Para os fins a que se refere o inciso II do parágrafo único do art. 48, os entes da Federação disponibilizarão a qualquer pessoa física ou jurídica o acesso a informações referentes a:

I – quanto à despesa: todos os atos praticados pelas unidades gestoras no decorrer da execução da despesa,

> no momento de sua realização, com a disponibilização mínima dos dados referentes ao número do correspondente processo, ao bem fornecido ou ao serviço prestado, à pessoa física ou jurídica beneficiária do pagamento e, quando for o caso, ao procedimento licitatório realizado;
>
> II – quanto à receita: o lançamento e o recebimento de toda a receita das unidades gestoras, inclusive referente a recursos extraordinários. (Brasil, 2000b, grifo nosso)

Notemos que esses artigos da LRF deixam claro o aspecto da participação popular como meio de garantir a transparência e o controle social na gestão pública. Podemos avançar e classificar esse controle em controle de legalidade ou de mérito.

> O controle pode ser de legalidade ou de mérito, de acordo com o aspecto da atividade que está sendo controlada. O **controle de legalidade** tem por objetivo verificar se o ato da administração pública está obedecendo às leis. Se não estiver, ele deve ser anulado. Já o **controle de mérito** é o que tem por objetivo verificar se o ato produz o resultado esperado, se é conveniente, oportuno e eficiente. Se não produz, deve ser revogado. Assim, prefeitos, governadores e presidente da República devem prestar contas às câmaras municipais, às assembleias legislativas e ao Congresso Nacional, respectivamente, sobre a atuação de seus governos. Isso é feito periodicamente, nos prazos determinados pela Constituição, ou quando o Legislativo julgar conveniente. (Vilhena et al., 2015, p. 11, grifo nosso)

Em síntese, os instrumentos legais de responsabilidade na gestão fiscal são:

- planos, orçamentos e leis de diretrizes orçamentárias;
- prestações de contas e os respectivos pareceres prévios;
- Relatório Resumido da Execução Orçamentária (RREO) e Relatório de Gestão Fiscal (RGF).

Assim, reforçamos o compromisso da participação da sociedade na elaboração dos instrumentos declarados pela LRF para o planejamento do gasto público: o PPA, a LDO e a LOA. Atualmente, antes mesmo das audiências públicas, o poder público pode criar fóruns e debates com o uso da ferramenta de e-gov, bem como fomentar a participação popular em redes e mídias sociais. Outros instrumentos, já citados, são as prestações de conta, os respectivos pareceres prévios, o RREO e o RGF.

É deveras importante conhecer as infrações previstas na LRF e suas penalidades, além das obrigações e dos instrumentos dela oriundos, como o RGF.

> O Relatório de Gestão Fiscal (RGF) é um dos instrumentos de Transparência da Gestão Fiscal criados pela Lei de Responsabilidade Fiscal (LRF). Especificamente, o RGF objetiva o controle, o monitoramento e a publicidade do cumprimento, por parte dos entes federativos, dos limites estabelecidos pela LRF: Despesas com Pessoal, Dívida Consolidada Líquida, Concessão de Garantias e Contratação de Operações de Crédito. Todos esses limites são definidos em percentuais da Receita Corrente Líquida (RCL), que é apurada em demonstrativo próprio elaborado e publicado pela Secretaria do Tesouro Nacional (STN). (Brasil, 2020r)

Dispomos ainda do RREO:

> O Relatório Resumido da Execução Orçamentária (RREO) é um documento mensal disponibilizado pelo Tesouro Nacional que permite o acompanhamento e análise do desempenho das ações governamentais estabelecidas na Lei de Diretrizes Orçamentárias (LDO) e na Lei Orçamentária Anual (LOA). Ele é exigido pela Constituição Federal, em seu artigo 165, § 3º: "o Poder Executivo publicará, no prazo de trinta dias após o encerramento de cada bimestre, o Relatório Resumido de Execução Orçamentária (RREO)". Sua regulamentação foi feita pela Lei Complementar nº 101, de 4 de maio de 2000 – Lei de Responsabilidade Fiscal (LRF) –, que estabelece as normas para sua elaboração e publicação.
>
> O RREO abrange os órgãos da administração direta e entidades da administração indireta de todos os poderes, que recebam recursos dos orçamentos fiscal e da seguridade social, inclusive sob a forma de subvenções para pagamento de pessoal ou de custeio em geral ou de capital, excluídos, no último caso, aqueles provenientes de aumento de participação acionária. (Brasil, 2019)

O descumprimento da LRF pode acarretar sanções previstas na Lei de Improbidade Administrativa – Lei n. 8.429, de 2 de junho de 1992, que "dispõe sobre as sanções aplicáveis aos agentes públicos nos casos de enriquecimento ilícito no exercício de mandato, cargo, emprego ou função na administração pública direta, indireta ou fundacional" (Brasil, 1992), e no Decreto-Lei n. 201, de 27 de fevereiro de 1967, que "dispõe sobre a responsabilidade dos Prefeitos e Vereadores" (Brasil, 1967).

A LRF revigora a premissa de que o governo deve planejar seus atos sempre com foco no equilíbrio entre receita e despesa, a fim de precaver e corrigir erros que podem ocorrer no percurso entre o que é planejado e o que é executado.

> Com a finalidade de garantir a total transparência da gestão fiscal, a Lei de Responsabilidade determina a ampla divulgação, inclusive em meios eletrônicos de acesso público, dos planos, orçamentos e leis de diretrizes orçamentárias, bem como das prestações de contas, com o parecer prévio do Tribunal de Contas competente, do relatório resumido da execução orçamentária e do relatório de gestão fiscal, com suas versões simplificadas. (Brasil, 2012c)

Vejamos, no Quadro 5.8, as infrações previstas na LRF e as respectivas penalidades.

Quadro 5.8 – Infrações previstas na LRF e suas penalidades

Infração	Sanção/Penalidade
Deixar de apresentar e publicar o Relatório de Gestão Fiscal no prazo e com o detalhamento previsto na lei (LRF, artigos 54 e 55; Lei nº 10.028/2000, art. 5º, inciso I).	Multa de 30% dos vencimentos anuais (Lei nº 10.028/2000, art. 5º, inciso I e § 1º). Proibição de receber transferências voluntárias e contratar operações de crédito, exceto as destinadas ao refinanciamento do principal atualizado da dívida mobiliária (LRF, art. 51, § 2º).
Ultrapassar o limite de Despesa Total com Pessoal no período de apuração (LRF, arts. 19 e 20).	Cassação do mandato (Decreto-Lei nº 201, art. 4º, inciso VII).

(continua)

(Quadro 5.8 – continuação)

Infração	Sanção/Penalidade
Expedir ato que provoque aumento da Despesa com Pessoal em desacordo com a lei (LRF, art. 21).	Nulidade do ato (LRF, art. 21, § único). Reclusão de um a quatro anos (Lei nº 10.028/2000, art. 2º).
Expedir ato que provoque aumento da Despesa com Pessoal nos cento e oitenta dias dias anteriores ao final do mandato do titular do respectivo Poder ou órgão (LRF, art. 21).	Nulidade do ato (LRF, art. 21, § único). Reclusão de um a quatro anos (Lei nº 10.028/2000, art. 2º).
Deixar de adotar as medidas previstas na LRF quando a Despesa Total com Pessoal do respectivo Poder ou órgão exceder 95% do limite (LRF, art. 22).	Reclusão de um a quatro anos (Lei nº 10.028/2000, art. 2º). Proibições previstas em lei (LRF, art. 22, § único).
Deixar de adotar as medidas previstas na lei quando a Despesa Total com Pessoal ultrapassar o limite máximo do respectivo Poder ou órgão (LRF, art. 23).	Reclusão de um a quatro anos (Lei nº 10.028/2000, art. 2º).
Manter gastos com inativos e pensionistas acima do limite definido em lei (LRF, artigos de 18 a 20; art. 24, § 2º; art. 59, § 1º, inciso IV).	Cassação do mandato (Decreto-Lei nº 201, art. 4º, inciso VII).
Não cumprir limite de Despesa Total com Pessoal em até dois anos caso o Poder ou órgão tenha estado acima desse limite em 1999 (LRF, art. 70).	Proibição de receber transferências voluntárias, de contratar operações de crédito e de obter garantias (LRF, art. 23, § 3º). Cassação do mandato (Decreto-Lei nº 201, art. 4º, inciso VII).
Não ter cumprido, até 2003, o limite de Despesa Total com Pessoal do exercício, a qual não poderá ser superior, em percentual da Receita Corrente Líquida, à despesa verificada no exercício imediatamente anterior, acrescida de até 10% se esta for inferior ao limite definido em lei (LRF, art. 71).	Cassação do mandato (Decreto-Lei nº 201, art. 4º, inciso VII).

(Quadro 5.8 – continuação)

Infração	*Sanção/Penalidade*
Deixar de reduzir o montante da Dívida Consolidada que exceda o respectivo limite no prazo previsto em lei (LRF, art. 31, § 1º).	Detenção de três meses a três anos. Perda do cargo e inabilitação para a função por cinco anos (Lei nº 10.028/2000, art. 4º, inciso XVI). Proibição de realizar operação de crédito enquanto perdurar o excesso. Obrigatoriedade de obtenção de resultado primário com limitação de empenho (LRF, art. 31, § 1º).
Exceder, ao término de cada ano, o refinanciamento do principal da dívida mobiliária do exercício anterior (LRF, art. 29, § 4º).	Cassação do mandato (Decreto-Lei nº 201, art. 4º, inciso VII).
Não obter o resultado primário necessário para recondução da dívida aos limites (LRF, art. 31, § 1º, inciso II).	Multa de 30% dos vencimentos anuais (Lei nº 10.028/2000, art. 5º, inciso III e § 1º).
Ultrapassar o prazo para o retorno da Dívida Mobiliária e das Operações de Crédito aos limites (LRF, art. 31, §§ 2º e 3º).	Cassação do mandato (Decreto-Lei nº 201, art. 4º, inciso VII). Proibição de receber transferências voluntárias (LRF, art. 31, §§ 2º e 3º).
Conceder Garantia em desacordo com a lei (LRF, art. 40).	Cassação do mandato (Decreto-Lei nº 201, art. 4º, inciso VII).
Conceder Garantia sem o oferecimento de Contragarantia determinada pela lei (LRF, art. 40, § 1º).	Detenção de três meses a um ano (Lei nº 10.028/2000, art. 2º).
Conceder Garantia acima dos limites fixados pelo Senado Federal (LRF, art. 40, § 5º).	Nulidade do ato (LRF, art. 40, § 5º). Cassação do mandato (Decreto-Lei nº 201, art. 4º, inciso VII).
As entidades da administração indireta, inclusive suas empresas controladas e subsidiárias, concederem Garantia, ainda que com recursos de fundos (LRF, art. 40, § 6º).	Cassação do mandato (Decreto-Lei nº 201, art. 4º, inciso VII).

(Quadro 5.8 – continuação)

Infração	Sanção/Penalidade
Não ressarcir pagamento de dívida honrada pela União ou Estados em decorrência de Garantia prestada em Operação de Crédito (LRF, art. 40, § 9º).	Condicionamento de transferências constitucionais para o ressarcimento.
Não liquidar a dívida total honrada pela União ou por Estados em decorrência de Garantia prestada em Operação de Crédito (LRF, art. 40, § 10º).	Suspensão de acesso a novos financiamentos (LRF, art. 40, § 10º).
Contratar Operação de Crédito por Antecipação de Receita Orçamentária, em desacordo com a lei (LRF, art. 38).	Cassação do mandato (Decreto-Lei nº 201, art. 4º, inciso VII).
Realizar Operação de Crédito fora dos limites estabelecidos pelo Senado Federal (LRF, art. 32, § 1º, inciso III).	Detenção de três meses a três anos, perda do cargo e inabilitação para a função por cinco anos. (Lei nº 10.028/2000, art. 4º, inciso XVI)
Realizar Operação de Crédito com outro ente da Federação, ainda que sob a forma de novação, refinanciamento ou postergação de dívida contraída anteriormente (LRF, art. 35).	Detenção de três meses a três anos, perda do cargo e inabilitação para a função por cinco anos. (Lei nº 10.028/2000, art. 4º, inciso XVI)
Não liquidar integralmente as Operações de Crédito por Antecipação de Receita Orçamentária, inclusive os respectivos juros e demais encargos, até o encerramento do exercício financeiro, especificamente até o dia 10 de dezembro de cada ano (LRF, art. 38, inciso II).	Detenção de três meses a três anos, perda do cargo e inabilitação para a função por cinco anos. (Lei nº 10.028/2000, art. 4º, inciso XVI)
Receita de Operações de Crédito em montante superior ao das despesas de capital, no projeto da lei orçamentária (LRF, art. 12, § 2º).	Cassação do mandato (Decreto-Lei nº 201, art. 4º, inciso VII).
Aplicar Disponibilidade de Caixa em desacordo com a lei (LRF, art. 43, §§ 1º e 2º).	Cassação do mandato (Decreto-Lei nº 201, art. 4º, inciso VII).

(Quadro 5.8 – conclusão)

Infração	*Sanção/Penalidade*
Não depositar, em conta separada das demais disponibilidades de cada ente, as Disponibilidades de Caixa dos regimes de previdência social e não aplicá-las nas condições de mercado, com observância dos limites e condições de proteção e prudência financeira (LRF, art. 43, § 1º).	Cassação do mandato (Decreto-Lei nº 201, art. 4º, inciso VII).
Aplicar Disponibilidade de Caixa dos regimes de previdência social em títulos estaduais ou municipais, ações e outros papéis de empresas controladas e conceder empréstimos aos segurados e ao Poder Público (LRF, art. 43, § 2º).	Cassação do mandato (Decreto-Lei nº 201, art. 4º, inciso VII).
Inscrever, em Restos a Pagar, despesa que não tenha sido previamente empenhada ou que exceda o limite estabelecido na lei (LRF, art. 42 e art. 55, inciso III, alínea "b").	Detenção de seis meses a dois anos (Lei nº 10.028/2000, art. 2º, inciso XVI).
Não cumprir, até 2002, o limite de Despesa com Serviços de Terceiros do exercício em referência, que não poderá ser superior, em percentual da Receita Corrente Líquida, à despesa verificada no exercício de 1999 (LRF, art. 72).	Cassação do mandato (Decreto-Lei nº 201, art. 4º, inciso VII).

Fonte: Brasil, 2020q.

Assim, a LRF estabeleceu instrumentos legais de responsabilidade na gestão fiscal. O ente público, por sua vez, deve ter consciência de seus atos e manter o teto de despesa total com pessoal, os gastos com inativos e pensionistas abaixo do limite definido em lei e o resultado primário necessário para recondução da dívida aos limites. Tais informações tornam-se públicas e, assim, passíveis do controle da sociedade. Desse modo, observamos a consonância com o art. 1º da LRF, que define as normas para as finanças públicas para que a responsabilidade fiscal na gestão seja atendida.

Para saber mais

Leia a cartilha elaborada pela CGU sobre controle social. Ela apresenta orientações para uma maior participação na gestão pública e para o exercício do controle social.

BRASIL. Controladoria-Geral da União. Secretaria de Prevenção da Corrupção e Informações Estratégicas. **Controle social**: orientações aos cidadãos para participação na gestão pública e exercício do controle social. Brasília, 2012. (Coleção Olho Vivo). Disponível em: <https://www.gov.br/cgu/pt-br/centrais-de-conteudo/publicacoes/controle-social/arquivos/controlesocial2012.pdf/view>. Acesso em: 6 set. 2020.

Conheça também o estudo sobre governo eletrônico da ONU:

ONU – Organização das Nações Unidas. **Estudo sobre governo eletrônico da Organização das Nações Unidas 2018**: orientar o governo eletrônico para apoiar a transformação rumo a sociedades sustentáveis e resilientes. Nova Iorque, 2018. Disponível em: <https://publicadministration.un.org/publications/content/PDFs/UN%20E-Government%20Survey%202018%20Portuguese.pdf>. Acesso em: 6 set. 2020.

Consulte ainda o RGF brasileiro, disponível no *site* do Tesouro Nacional:

BRASIL. Tesouro Nacional Transparente. **Relatório de Gestão Fiscal (RGF)**: União – contabilidade e custos. Disponível em: <https://www.tesourotransparente.gov.br/temas/contabilidade-e-custos/relatorio-de-gestao-fiscal-rgf>. Acesso em: 6 set. 2020.

Por fim, acesse o RREO:

BRASIL. Tesouro Nacional Transparente. **Relatório Resumido da Execução Orçamentária (RREO)**: União – contabilidade e custos. Disponível em: <https://www.tesourotransparente.gov.br/temas/contabilidade-e-custos/relatorio-resumido-da-execucao-orcamentaria-rreo-uniao>. Acesso em: 6 set. 2020.

Consultando a legislação

O **Decreto-Lei n. 201, de 27 de fevereiro de 1967** trata da responsabilidade dos prefeitos e dos vereadores.

> BRASIL. Decreto-Lei n. 201, de 27 de fevereiro de 1967. **Diário Oficial da União**, Brasília, DF, 27 fev. 1967. Disponível em: <http://www.planalto.gov.br/ccivil_03/Decreto-Lei/Del0201.htm>. Acesso em: 6 set. 2020.

Síntese

Neste quinto capítulo, continuamos o enfoque na transparência pública, agora com mais ênfase no controle social e em suas interfaces com os controles externo e interno. Tratamos da ação conjunta da tríade do controle público e da importância da participação efetiva dos cidadãos nesse controle e acompanhamento dos atos públicos.

Vimos também que o governo passou a se fazer presente na *web* por meio de seus portais, *sites*, redes sociais, mídias sociais, enfim, por todos os canais digitais de que os cidadãos participam.

Na sequência, abordamos os meios de participação da sociedade no controle da gestão pública, reconhecendo as potencialidades do governo eletrônico.

Por fim, discutimos novamente a LRF e seus instrumentos de transparência da gestão fiscal: planos, orçamentos e LDOs; prestações de contas e respectivos pareceres prévios; RGF e RREO, que devem ter ampla divulgação nos meios tradicionais e eletrônicos de acesso público.

Questões para revisão

1. O controle no *accountability* pode ocorrer em três instâncias: exercido pela sociedade, exercido pelo próprio órgão e exercido por outros órgãos/instâncias.

   Esses três tipos de controle são, respectivamente:

   a. social, interno e externo.
   b. fiscal, interno e externo.
   c. social, interno e executor.
   d. social, interdependente e externo.
   e. social, interdependente e executor.

2. Com a interface de controle e a transparência como ferramenta de gestão, o ente público pode trabalhar no controle desde sua forma prévia, passando pelo controle simultâneo, pelo controle posterior e até mesmo pelo controle finalístico. Por exemplo, pode-se investir em um controle preventivo, que tem por objetivo impedir que seja praticado ato ilegal ou contrário ao interesse público.

   Como se classifica esse controle?

   a. Prévio.
   b. Posterior.
   c. Finalístico.
   d. Duralístico.
   e. Simultâneo.

3. Os cidadãos devem se mobilizar para participar da agenda pública e ter voz nas definições das políticas, além de denunciar atos que vão de encontro às premissas legais e aos anseios da sociedade. Qualquer cidadão ou instituição deve e pode fazer uma denúncia, levando em consideração o que está sendo denunciado e para quem. Para isso, é preciso

conhecer o órgão que recebe denúncias relativas à defesa do patrimônio público e ao controle sobre a aplicação dos recursos públicos federais.

Qual é esse órgão?

a. CGE.

b. CGU.

c. TCU.

d. TCE.

e. TCM.

4. Cabe ao cidadão e ao poder público conhecer as instituições que recebem denúncias de possíveis malfeitos, como o Tribunal de Contas da União (TCU). Explique a atuação e as responsabilidades desse órgão.

5. Além do voto, existem outras formas de exercermos a cidadania, entre as quais está a participação em audiências públicas. Descreva como funcionam tais audiências.

Questões para reflexão

1. Imagine que você, como gestor público, desrespeitou a Lei de Responsabilidade Fiscal (LRF) ao deixar de adotar as medidas previstas na lei no que se refere ao limite máximo para a despesa total com pessoal (art. 23 da LRF). A qual penalidade você ficou submetido(a)?

2. Da mesma forma, como gestor público, você desrespeitou a LRF na apresentação e na publicação do Relatório de Gestão Fiscal (RGF), quanto ao prazo e ao detalhamento previsto na lei (arts. 54 e 55 da LRF; art. 5º, inciso I, da Lei n. 10.028/2000). Agora, a qual penalidade você ficou submetido(a)?

✦ ✦ ✦

capítulo seis

Governança pública e transparência

Conteúdos do capítulo:

- Transparência como instrumento de governança.
- Democracia como base da administração pública.
- Eficácia na transparência pública.
- Indicadores de transparência pública.

Após o estudo deste capítulo, você será capaz de:

1. concluir de que modo a transparência deve ser usada como instrumento de governança;
2. reconhecer as bases democráticas da administração pública;
3. analisar como a eficácia visa garantir a qualidade da transparência pública;
4. identificar os indicadores de transparência pública.

Chegamos ao último capítulo, um momento de reflexão e fechamento das discussões propostas aqui, em que vamos afirmar a importância de a transparência pública ser utilizada como instrumento de governança. Com ela, o cidadão pode, de fato, exercer sua cidadania, que é o pilar da nossa democracia. Os entes públicos devem servir ao povo, e não se servir do povo.

E como os entes da gestão pública servem ao povo? Com o uso de ferramentas de controle em todos os seus atos, do planejamento à execução, pois uma gestão forte é aquela que consegue dar respostas eficazes à sociedade.

Veremos também a relevância dos entes públicos e da sociedade civil organizada na criação de mecanismos de apoio, incentivo, premiação e avaliação das práticas de transparência. Indicadores como a Escala Brasil Transparente (EBT) trazem diversos ganhos, visto que, além de lançarem luz sobre os atos do governo, fazem com que governantes aprendam com outros governantes as melhores práticas. Assim, torna-se possível a construção de um Estado forte, honesto e justo.

6.1 *Transparência e governança*

Nem precisamos ressaltar a importância da transparência na gestão pública ou o fato de que a transparência é um dos elementos fundamentais na constituição de uma governança que traz resultados satisfatórios à sociedade – já tratamos desses aspectos no Capítulo 2. Agora, vamos avançar nas características e nas potencialidades da transparência como elemento da governança.

> Especificamente no que se refere ao setor público, a crise fiscal dos anos 1980 exigiu novo arranjo econômico e político internacional, com a intenção de tornar o Estado mais eficiente. Esse contexto trouxe o debate sobre

> a governança na esfera pública e resultou no estabelecimento dos princípios básicos que norteiam as boas práticas de governança nas organizações públicas (IFAC, 2001): transparência, integridade e prestação de contas. Nos anos seguintes, outros trabalhos foram publicados, como o estudo nº 13 – *Boa governança no setor público* –, da International Federation of Accountants (IFAC), publicado em 2001. Na mesma disposição, o Australian National Audit Office – ANAO publicou, em 2003, o *Guia de melhores práticas para a governança no setor público*, em que ratifica os princípios preconizados pela IFAC e acrescenta outros três: liderança, compromisso e integração. (Brasil, 2014, p. 13)

Em 2014, o Tribunal de Contas da União (TCU) publicou o documento intitulado *Referencial básico de governança aplicável a órgãos e entidades da administração pública*, com vistas a instruir todas as instâncias públicas a rever seus atos tendo em mente a excelência em gestão proposta pela governança. A seguir, podemos verificar 16 aspectos apontados pela Ifac como benefícios da governança para o setor público.

A boa governança no setor público permite:

a. garantir a entrega de benefícios econômicos, sociais e ambientais para os cidadãos;
b. garantir que a organização seja, e pareça, responsável para com os cidadãos;
c. ter clareza acerca de quais são os produtos e serviços efetivamente prestados para cidadãos e usuários, e manter o foco nesse propósito;
d. ser transparente, mantendo a sociedade informada acerca das decisões tomadas e dos riscos envolvidos;
e. possuir e utilizar informações de qualidade e mecanismos robustos de apoio às tomadas de decisão;
f. dialogar com e prestar contas à sociedade;
g. garantir a qualidade e a efetividade dos serviços prestados aos cidadãos;

h. promover o desenvolvimento contínuo da liderança e dos colaboradores;
i. definir claramente processos, papéis, responsabilidades e limites de poder e de autoridade;
j. institucionalizar estruturas adequadas de governança;
k. selecionar a liderança tendo por base aspectos como conhecimento, habilidades e atitudes (competências individuais);
l. avaliar o desempenho e a conformidade da organização e da liderança, mantendo um balanceamento adequado entre eles;
m. garantir a existência de um sistema efetivo de gestão de riscos;
n. utilizar-se de controles internos para manter os riscos em níveis adequados e aceitáveis;
o. controlar as finanças de forma atenta, robusta e responsável; e
p. prover aos cidadãos dados e informações de qualidade (confiáveis, tempestivas, relevantes e compreensíveis).

Fonte: Brasil, 2014, p. 14, grifo do original.

Logo, a governança passa ser uma nova forma de se fazer gestão, uma forma contemporânea de se pensar a administração pública, que vai da entrega dos benefícios esperados pela sociedade até o fornecimento ao cidadão de informações confiáveis, para que tenha condições de saber, de fato, como está sendo a ação dos entes públicos.

> Segundo a IFAC (2013), governança compreende a estrutura (administrativa, política, econômica, social, ambiental, legal e outras) posta em prática para garantir que os resultados pretendidos pelas partes interessadas sejam definidos e alcançados. (Brasil, 2014, p. 17)
>
> O sistema de governança reflete a maneira como diversos atores se organizam, interagem e procedem para obter boa governança. Envolve, portanto, as estruturas administrativas (instâncias), os processos de trabalho,

os instrumentos (ferramentas, documentos etc.), o fluxo de informações e o comportamento de pessoas envolvidas direta, ou indiretamente, na avaliação, no direcionamento e no monitoramento da organização. (Brasil, 2014, p. 27-28)

A Figura 6.1 sintetiza e representa essa lógica da nova estrutura de gestão do bem público, a qual chamamos de *sistema de governança*, que envolve do cidadão aos agentes públicos.

Figura 6.1 – Sistema de governança em órgãos e entidades da administração pública

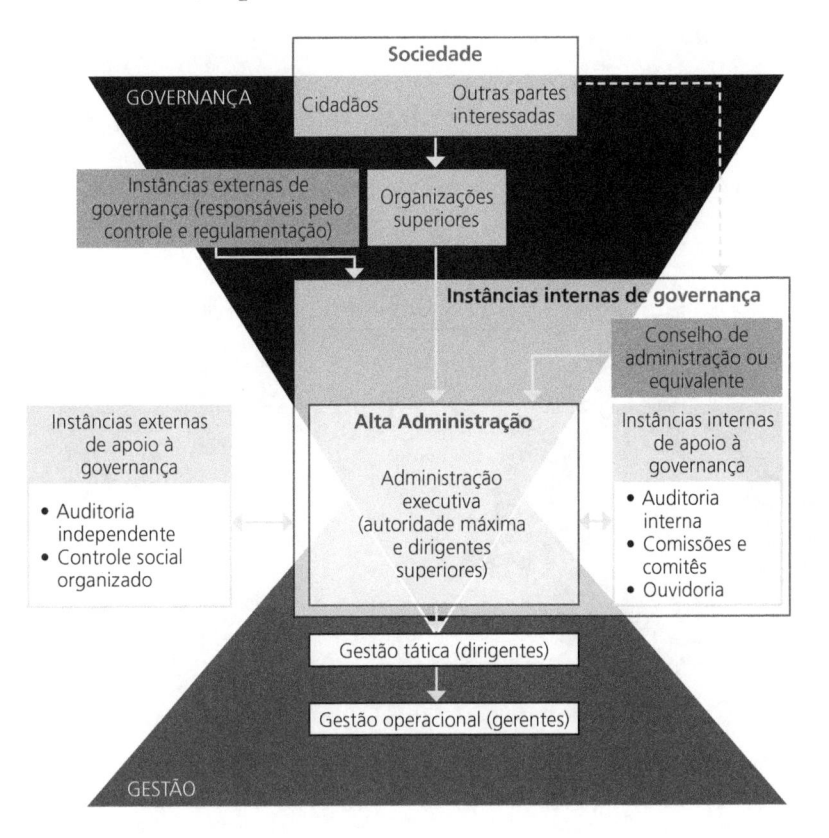

GOVERNANÇA

Sociedade
- Cidadãos
- Outras partes interessadas

Instâncias externas de governança (responsáveis pelo controle e regulamentação)

Organizações superiores

Instâncias internas de governança

Conselho de administração ou equivalente

Instâncias externas de apoio à governança
- Auditoria independente
- Controle social organizado

Alta Administração

Administração executiva (autoridade máxima e dirigentes superiores)

Instâncias internas de apoio à governança
- Auditoria interna
- Comissões e comitês
- Ouvidoria

Gestão tática (dirigentes)

Gestão operacional (gerentes)

GESTÃO

Fonte: Brasil, 2014, p. 28.

Na figura anterior, podemos observar como a gestão está interligada com a governança, o que nos remete ao PODC, (Planejar; Organizar; Dirigir; Controlar).

> Enquanto a gestão é inerente e integrada aos processos organizacionais, sendo responsável pelo planejamento, execução, controle, ação, enfim, pelo manejo dos recursos e poderes colocados à disposição de órgãos e entidades para a consecução de seus objetivos, a governança provê direcionamento, monitora, supervisiona e avalia a atuação da gestão, com vistas ao atendimento das necessidades e expectativas dos cidadãos e demais partes interessadas. (Brasil, 2014, p. 32)

A Figura 6.2 ilustra a inter-relação entre governança e gestão.

Figura 6.2 – Inter-relação entre governança e gestão

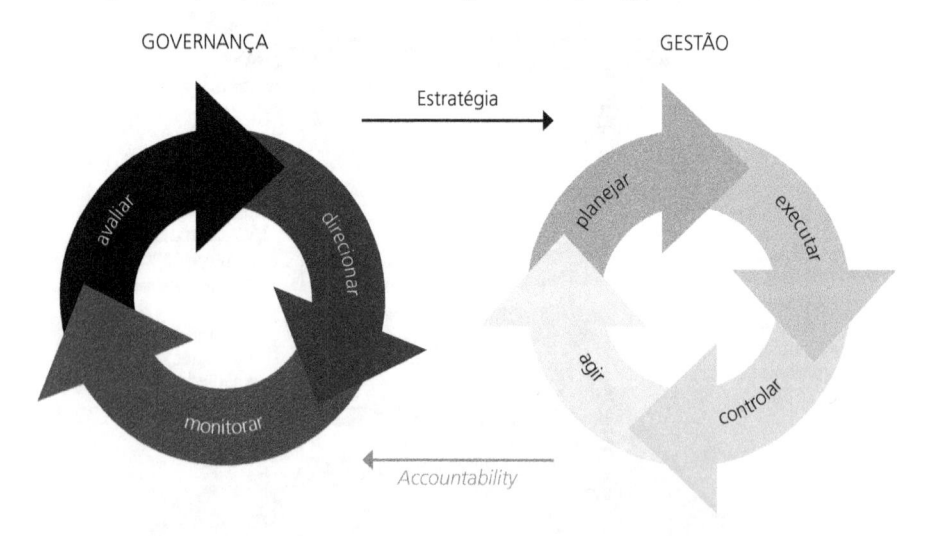

Fonte: Brasil, 2014, p. 32.

Portanto, a gestão presta conta de seus atos à sociedade, os quais são direcionados, avaliados e monitorados pelos programas e pelos aspectos de governança. Na prática, a governança é orientativa, pois apresenta os meios de ação dos agentes públicos sempre em consonância com as leis. Como exemplo, podemos mencionar que os programas de governança devem garantir o cumprimento do art. 3, parágrafo 2º, da Lei de Acesso à Informação (LAI):

> Art. 3º Os procedimentos previstos nesta Lei destinam-se a assegurar o direito fundamental de acesso à informação e devem ser executados em conformidade com os princípios básicos da administração pública e com as seguintes diretrizes:
>
> [...]
>
> II– divulgação de informações de interesse público, independentemente de solicitações. (Brasil, 2011)

Ou seja, é por meio da governança que se constituem os *insights* que se traduzirão em práticas de gestão, visando a uma gestão pública de excelência, e o *accountability* faz parte da essência da governança.

Agora, vamos conhecer as diretrizes para a boa governança.

Para alcançar boa governança em órgãos e entidades da administração pública é importante [...]:
a. focar o propósito da organização em resultados para cidadãos e usuários dos serviços;
b. realizar, efetivamente, as funções e os papéis definidos;
c. tomar decisões embasadas em informações de qualidade;
d. gerenciar riscos;
e. desenvolver a capacidade e a eficácia do corpo diretivo das organizações;
f. prestar contas e envolver efetivamente as partes interessadas;

g. ter clareza acerca do propósito da organização, bem como dos resultados esperados para cidadãos e usuários dos serviços;
h. certificar-se de que os usuários recebem um serviço de alta qualidade;
i. certificar-se de que os contribuintes recebem algo de valor em troca dos aportes financeiros providos;
j. definir claramente as funções das organizações e as responsabilidades da alta administração e dos gestores, certificando-se de seu cumprimento;
k. ser claro sobre as relações entre os membros da alta administração e a sociedade;
l. ser rigoroso e transparente sobre a forma como as decisões são tomadas;
m. ter, e usar, estruturas de aconselhamento, apoio e informação de boa qualidade;
n. certificar-se de que um sistema eficaz de gestão de risco esteja em operação;
o. certificar-se de que os agentes (comissionados ou eleitos) tenham as habilidades, o conhecimento e a experiência necessários para um bom desempenho;
p. desenvolver a capacidade de pessoas com responsabilidades de governo e avaliar o seu desempenho, como indivíduos e como grupo;
q. equilibrar, na composição do corpo diretivo, continuidade e renovação;
r. compreender as relações formais e informais de prestação de contas;
s. tomar ações ativas e planejadas para dialogar com e prestar contas à sociedade, bem como engajar, efetivamente, organizações parceiras e partes interessadas;
t. tomar ações ativas e planejadas de responsabilização dos agentes;
u. garantir que a alta administração se comporte de maneira exemplar, promovendo, sustentando e garantindo a efetividade da governança; e
v. colocar em prática os valores organizacionais.

Fonte: Brasil, 2014, p. 35-36.

Outra questão importante é que foi promulgado, no Brasil, o Decreto n. 8.638, de 15 de janeiro de 2016, que implementa uma política de governança digital para a administração pública federal direta e também para as autarquias e as fundações (Brasil, 2016a).

> Art. 1º Fica instituída a Política de Governança Digital para os órgãos e as entidades da administração pública federal direta, autárquica e fundacional, com as seguintes finalidades:
>
> I – gerar benefícios para a sociedade mediante o uso da informação e dos recursos de tecnologia da informação e comunicação na prestação de serviços públicos;
>
> II – estimular a participação da sociedade na formulação, na implementação, no monitoramento e na avaliação das políticas públicas e dos serviços públicos disponibilizados em meio digital; e
>
> III – assegurar a obtenção de informações pela sociedade, observadas as restrições legalmente previstas. (Brasil, 2016)

Sobre essa temática, vale considerar o que afirma Nittis (2019):

> Pode-se dizer que uma gestão pública inteligente tem base em uma política de Governança Digital (instituída no País pelo Decreto 8.638/2016). Ou seja, a Administração Pública, em todos os níveis, deve recorrer a ferramentas digitais e metodologias avançadas para melhorar a qualidade dos serviços prestados, promover a transparência de suas ações e ampliar a participação popular.
>
> Além disso, a Governança Digital tem como diretriz o autosserviço, ou seja, os órgãos devem oferecer ao

> cidadão uma plataforma de fácil acesso e utilização, para que todos possam realizar solicitações ou acessar informações de forma autônoma.

Tal decreto foi revogado pelo Decreto n. 10.332, de 28 de abril de 2020, que institui a Estratégia de Governo Digital para o período de 2020 a 2022 (Brasil, 2020j). Assim, como se trata de uma temática dinâmica, voltam as discussões sobre política de governança digital.

Por fim, com o conhecimento das potencialidades da governança digital e com tais diretrizes, entendemos que os entes públicos possibilitam conceber uma gestão de excelência e, acima de tudo, transparente, na qual cada cidadão é capaz de compreender o papel do agente político e o próprio papel na gestão pública de um Estado democrático de direito.

6.2 *Democracia e administração pública*

Não há como discutir a transparência pública sem falar em democracia, nos termos do que estabelece nossa Constituição:

> Art. 1º A República Federativa do Brasil, formada pela união indissolúvel dos Estados e Municípios e do Distrito Federal, constitui-se em **Estado Democrático de Direito** e tem como fundamentos:
>
> I – a soberania;
>
> II – a cidadania;
>
> III – a dignidade da pessoa humana;
>
> IV – os valores sociais do trabalho e da livre iniciativa;
>
> V – o pluralismo político.

> Parágrafo único. Todo o poder emana do povo, que o exerce por meio de representantes eleitos ou diretamente, nos termos desta Constituição. (Brasil, 1988, grifo nosso)

Alinhadas a esse artigo da Constituição, destacam-se as palavras de Bobbio (2000, p. 100):

> Que todas as decisões e mais em geral os atos dos governantes devam ser conhecidos pelo povo soberano sempre foi considerado um dos eixos do regime democrático, definido como o governo direto do povo ou controlado pelo povo (e como poderia ser controlado se estivesse escondido?).

Assim, a democracia está na base da gestão pública no Brasil. Não é possível imaginar algum país sob um regime ditatorial de governo que se preocupe com transparência e ainda adote esse aspecto como instrumento de gestão. A organização do Brasil em unidades federativas e em seus mais de 5.500 municípios acarreta a necessidade de se apreciar essa interlocução entre os cidadãos e os políticos que os representam.

Se considerarmos o exemplo da importância do município na vida do cidadão, veremos que uma rua esburacada ou a falta de vaga no hospital interferem diretamente na qualidade de vida da população. O contribuinte, com sua renda e na forma de impostos e taxas, é o mantenedor da cidade. Com isso, espera-se o acesso aos atos dos agentes públicos, pois, na estrutura representacional, característica das democracias, o cidadão elege seus pares para gerenciar esses recursos e manter a cidade em funcionamento. Essa é a essência da democracia: o reino do povo.

Além disso, é por meio da transparência que se forma a opinião pública, e a opinião dos cidadãos é vital para o sucesso da democracia.

> Entende-se que a maior ou menor relevância da opinião pública como opinião relativa aos atos públicos, isto é, aos atos próprios do poder público, que é por excelência o poder exercido pelos supremos órgãos decisórios do Estado, da "res publica", depende da maior ou menor oferta ao público, entendida esta exatamente como visibilidade, cognoscibilidade, acessibilidade e, portanto, controlabilidade dos atos de quem detém o supremo poder. A publicidade assim entendida é uma categoria tipicamente iluminista na medida em que representa bem um dos aspectos da batalha de quem se considera chamado a derrotar o reino das trevas: onde quer que tenha ampliado o próprio domínio, a metáfora da luz e do clareamento [...] ajusta-se bem à representação do contraste entre poder visível e poder invisível. (Bobbio, 2000, p. 102)

Ainda sobre a democracia no Brasil, o país passou de uma colônia para um reino unido, um império, uma república, um período militar e uma nova redemocratização, oriunda dos movimentos das "Diretas Já!", na década de 1980. Então, no que se refere a um ambiente democrático, estamos ainda em uma fase juvenil, pois a atual Constituição, conhecida como **Constituição Cidadã**, foi promulgada apenas em 1988. Ela apresenta de forma clara como se divide a gestão do Brasil, ou seja, a divisão de poderes, que tem como pano de fundo a democracia. Vejamos o próprio texto da Carta Magna:

TÍTULO IV
DA ORGANIZAÇÃO DOS PODERES
CAPÍTULO I
DO PODER LEGISLATIVO
SEÇÃO I
DO CONGRESSO NACIONAL

Art. 44. O Poder Legislativo é exercido pelo Congresso Nacional, que se compõe da Câmara dos Deputados e do Senado Federal.

Parágrafo único. Cada legislatura terá a duração de quatro anos.

[...]

CAPÍTULO II
DO PODER EXECUTIVO
SEÇÃO I
DO PRESIDENTE E DO VICE-PRESIDENTE DA REPÚBLICA

Art. 76. O Poder Executivo é exercido pelo Presidente da República, auxiliado pelos Ministros de Estado.

[...]

CAPÍTULO III
DO PODER JUDICIÁRIO
SEÇÃO I
DISPOSIÇÕES GERAIS

Art. 92. São órgãos do Poder Judiciário:

I – o Supremo Tribunal Federal;

I-A – o Conselho Nacional de Justiça;

II – o Superior Tribunal de Justiça;

II-A – o Tribunal Superior do Trabalho;

III – os Tribunais Regionais Federais e Juízes Federais;

IV – os Tribunais e Juízes do Trabalho;

V – os Tribunais e Juízes Eleitorais;

VI – os Tribunais e Juízes Militares;

VII – os Tribunais e Juízes dos Estados e do Distrito Federal e Territórios.

Parágrafo único. O Supremo Tribunal Federal e os Tribunais Superiores têm sede na Capital Federal e jurisdição em todo o território nacional.

§ 1º O Supremo Tribunal Federal, o Conselho Nacional de Justiça e os Tribunais Superiores têm sede na Capital Federal.

§ 2º O Supremo Tribunal Federal e os Tribunais Superiores têm jurisdição em todo o território nacional. (Brasil, 1988, grifo nosso)

Figura 6.3 – Ulysses Guimarães e a Constituição de 1988

Arquivo Agência Brasil

Nessa divisão de poderes, temos a Câmara de Vereadores, conhecida como *Casa do Povo*, a mais próxima dos cidadãos. Cabe ressaltar também que as competências das cidades foram ampliadas pela Constituição Federal de 1988, que estabeleceu novas atribuições principalmente no que se refere às condições mínimas de bem-estar social. Assim, cada poder ou ente público deve entender qual é sua atuação na sociedade e, sobretudo, saber como dar transparência a seus atos. Como explica Bobbio (2000, p. 116), "O que distingue o poder democrático do poder autocrático é que apenas o primeiro, por meio da crítica livre e da liceidade de expressão dos diversos pontos de vista, pode desenvolver em si mesmo os anticorpos e permitir formas de 'desocultamento'".

Nesse âmbito, devemos vislumbrar os arts. de 29 a 31 da Constituição Federal, que define as competências da Câmara Municipal e dos vereadores: elaborar a Lei Orgânica do Município; fiscalizar e julgar as contas do Poder Executivo municipal com o apoio do Tribunal de Contas; formular, extinguir e emendar leis sobre assuntos de interesse local, por iniciativa própria, da prefeitura ou dos cidadãos. Vale reforçar que o foco do trabalho do vereador são os assuntos de interesse local do município. Vejamos o *caput* do art. 29 da Constituição:

> CAPÍTULO IV
> Dos Municípios
>
> Art. 29. O Município reger-se-á por lei orgânica, votada em dois turnos, com o interstício mínimo de dez dias, e aprovada por dois terços dos membros da Câmara Municipal, que a promulgará, atendidos os princípios estabelecidos nesta Constituição, na Constituição do respectivo Estado e os seguintes preceitos. (Brasil, 1988)

A LAI é um exemplo de instrumento que demonstra como a democracia se concretiza por meio da legislação e da execução. Assim, pela lente da transparência, a democracia pode ser considerada como o poder sem máscara.

> Uma das razões da superioridade da democracia diante dos Estados absolutos, que tinham revalorizado os *arcana imperii* [segredos de Estado] e defendiam com argumentos históricos e políticos a necessidade de fazer com que as grandes decisões políticas fossem tomadas nos gabinetes secretos, longe dos olhares indiscretos do público, funda-se na convicção de que o governo democrático poderia finalmente dar vida à transparência do poder, ao "poder sem máscara". (Bobbio, 2000, p. 42)

A seguir, no Quadro 6.1, apresentamos três motivos pelos quais a transparência é benéfica à sociedade democrática. "A transparência é uma das ferramentas mais eficazes dos cidadãos no combate à corrupção, possibilitando que ele seja mais atuante no meio da administração pública e faça sua voz ser ouvida" (Astrusweb, 2020).

Quadro 6.1 – Três benefícios da transparência para a sociedade democrática

Benefício	Descrição
1. Possibilita a fiscalização da gestão pública	"A disponibilização de dados permite que a população acompanhe em tempo real os gastos e receitas das entidades que compõem a gestão pública, fazendo com que todo cidadão conheça os caminhos dos valores que saem de seus bolsos no pagamento de impostos".
2. Permite que cidadãos acompanhem o que tem sido feito	"A transparência ainda permite que a população acompanhe em que o dinheiro arrecadado tem sido investido, entendendo melhor qual a opção da administração de investimento, podendo manifestar ou não sua concordância".
3. Faz com que cidadãos avaliem melhor a administração pública	"Disponibilizar os dados que compõem a administração pública é uma forma de o cidadão avaliar como agiu o candidato eleito durante seu mandato, aprovando ou não suas decisões. Logo, a população pode escolher melhor seus partidos e candidatos nas eleições seguintes."

Fonte: Astrusweb, 2020.

Portanto, a democracia tem como base a transparência. E para que desejamos transparência mesmo? Para que sejam evitados os atos criminosos, a corrupção, os malfeitos.

> Tão importante quanto punir a corrupção é prevenir que ela ocorra. Umas das ferramentas mais poderosas para isso é a transparência. Afinal, quando as chances de que o ato corrupto seja descoberto são altas, menor a probabilidade de que ele ocorra e menos dinheiro público é gasto no processo.

Com informações disponíveis, cidadãos, organizações e as próprias instituições podem fiscalizar os órgãos públicos.

Graças à Lei de Responsabilidade Fiscal – LRF (de 2001), governos passaram a ser obrigados a divulgar informações de receita e despesa em portais na internet. Em 2004, foi lançado o Portal da Transparência do Governo Federal.

Na mesma linha, outro avanço foi a Lei de Acesso à Informação (de 2011). Hoje, por exemplo, o cidadão tem direito a solicitar informações a qualquer órgão público. Com ela, transparência se tornou regra e o sigilo, exceção. Todos os órgãos da administração pública, desde estatais e universidades até tribunais de justiça e o Congresso se viram obrigados a divulgar as informações que produzem. (Galdino; Oliveira; Galf, 2018)

Logo, podemos concluir que a transparência visa lançar luz sobre os atos que moldam a vida dos cidadãos. Como ferramenta de gestão, aproxima a sociedade do dia a dia do governo. No Brasil de hoje, dar transparência aos atos é uma obrigação legal.

6.3 *Eficácia e transparência*

Quando se fala em gestão, é preciso observar que um de seus objetivos é a eficácia. Não basta colocar em prática o PODC sem ter em mente que a organização pública deve surpreender toda a sociedade com uma postura positiva, que vai além do que é esperado. Em outras palavras, a gestão pública deve ser uma ferramenta de excelência para alcançar o bem-estar de todos, afinal, a eficiência é um dos princípios da administração pública.

Por sua vez, quando se fala em eficiência e eficácia, é necessário pensar em processos, que implicam a existência de uma ordem lógica, que envolve a realização de tarefas, a aplicação de métodos e uma ação transformadora. Conforme Wildauer e Wildauer (2015, p. 21), processo "é um conjunto finito, sequencial e ordenado de passos que devem ser executados para transformar um insumo (uma entrada) em algo útil (uma saída), válido, que atenda a especificações predefinidas (parâmetros, dimensões, prazos etc.)".

Mas como é possível gerenciar esses processos? Quais são os princípios? Vejamos a Figura 6.4.

Figura 6.4 – Gestão por processos

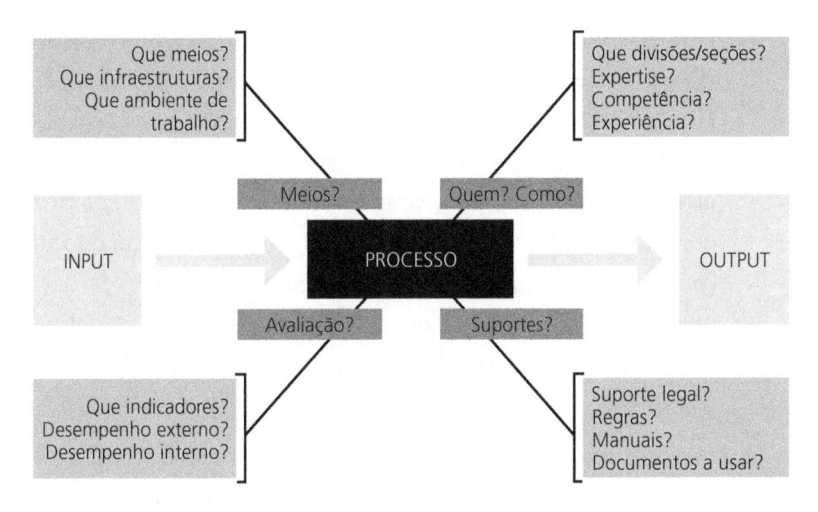

Fonte: GPP, 2014.

Ao se executar um processo, realizam-se diversas tarefas, com o uso de diferentes tipos de recursos. Portanto, gerenciar os processos significa planejar, organizar, dirigir e controlar as tarefas para que ocorram de forma a obter-se a eficiência na saída.

Por exemplo, a elaboração de um Plano Plurianual (PPA) constitui-se em um processo que vai da discussão inicial, as audiências públicas, passa pela aprovação pelo Poder Legislativo e chega à execução pelo Poder Executivo, com o controle para acompanhar seu desempenho. Na visão da transparência, é preciso considerar, igualmente, todas as etapas pelas quais o contribuinte tem acesso aos atos públicos. O ente público deve se comprometer a gerenciar bem esse processo.

Desse modo, gerenciar um processo implica entender que ele se subdivide, segundo Maximiano (2011), Santos (2013), Chiavenato (2014) e Coltro (2015), em:

- **macroprocesso:** uma função estrutural que detém outros processos (por exemplo, fazer compras);
- **processo:** a sequência das atividades, relacionadas com *inputs* e *outputs* (por exemplo, pagar por uma compra);
- **subprocesso:** uma parte menor do processo, com relação direta entre atividades e processos; prepara as atividades para que estas se tornem parte do processo (por exemplo, verificar se há dinheiro em caixa);
- **atividades:** as ações ocorridas nos subprocessos ou nos processos, relativas a atividades particulares que formam o todo (por exemplo, cadastrar o pagamento no sistema);
- **tarefa:** a menor parte do processo; a soma das tarefas define a atividade (por exemplo, acessar o sistema para cadastrar a compra).

Ao conhecerem essa dinâmica, os gestores públicos são capazes de gerenciar os processos na busca pela eficiência e pela eficácia. Podemos afirmar que não basta que a gestão pública seja eficiente, ela também deve ser eficaz, considerando-se que eficiência é o ato de **fazer algo como esperado**, enquanto eficácia é o ato de **fazer certo, além do esperado**.

Figura 6.5 – Eficiência e eficácia

EFICIÊNCIA	EFICÁCIA	EFETIVIDADE
CUSTO	RESULTADO	IMPACTO
fazer corretamente	fazer o que deve ser feito	fazer corretamente o que tem que ser feito
utilizar produtivamente os recursos	capacidade de atingir objetivos	transformar a situação existente
custo-benefício	cumpre metas	mudança e desenvolvimento
mínimo de perdas e/ou desperdícios	realiza o que foi proposto	relação entre a produção e a capacidade de produzir

Fonte: Martins, 2019.

Por meio da análise da figura anterior, podemos afirmar que os entes públicos devem ter consciência da diferença entre eficiência e eficácia. Segundo Chiavenato (2014):

+ Quem tem o foco nos meios é a eficiência.
+ Quem tem o foco em resultados é a eficácia.
+ Quem se atém a realizar tarefas é a eficiência.
+ Quem se atém a alcançar objetivos é a eficácia.
+ Quem se propõe a resolver problemas é a eficiência.
+ Quem se propõe a acertar o objetivo é a eficácia.

Logo, a eficiência tem seu foco muito mais no controle dos processos, na padronização, com um viés de pensamento mecanicista, o qual podemos ilustrar com a charge a seguir.

Figura 6.6 – O problema da eficiência

Ou seja, na charge, vemos que o cidadão está sendo eficiente em tentar pregar um prego com sua mão, porém, se usasse o martelo, ele conseguiria ser eficaz, pois alcançaria seu objetivo de forma mais rápida. Então, você poderia questionar: "Isso quer dizer que devemos esquecer os processos?". Claro que não!

É importante olharmos o processo e mapeá-lo para gerar valor. mas ele não pode ser inflexível, porque, se for assim, teremos o **problema da eficiência sem eficácia**, ou seja, poderemos realizar bem os processos internamente, porém não alcançaremos êxito na relação com o ambiente. Dessa forma, é preciso ter um olhar especial para as duas situações, a eficiência e a eficácia.

Fazendo uma analogia, podemos considerar eficiente um portal da transparência que apresente os dados financeiros, de gestão, fiscais, de pessoas etc. Já um portal que disponibilize essas mesmas informações de forma clara, com uma excelente acessibilidade, é eficaz.

Assim como nos portais, a eficácia deve ser a base de todos os programas de integridade e transparência (PITs) que vêm sendo criados por diversas instâncias no poder público no Brasil. Vejamos como a Universidade Federal do Sul da Bahia (UFSB), por meio de uma lógica de eficácia, vem organizando seu PIT.

Figura 6.7 – Programa de integridade e transparência da UFSB

DIRETORIA DE INTEGRIDADE E TRANSPARÊNCIA - DIT

Ouvidoria — Atua no diálogo entre o cidadão e a Administração Pública e é responsável por receber, examinar e encaminhar denúncias, reclamações, elogios, sugestões e pedidos de informação referentes a procedimentos e ações de agentes, órgãos e entidades do Poder Executivo Federal.
www.ufsb.edu.br/ouvidoria-servicos

Lei de Acesso à Informação (LAI) — Dentre as funções da DIT está a aplicação da Lei nº 12.527, de 18 de novembro de 2011 – Lei de acesso à informação (LAI). A LAI estabelece que as informações de interesse coletivo devem ser divulgadas proativamente pelos órgãos públicos, independentemente de solicitações. Além disso, seu art. 8º prevê um rol mínimo de informações que os órgãos e entidades públicas devem, obrigatoriamente, divulgar nas suas páginas oficiais na internet.
www.ufsb.edu.br/acesso-informacao

Serviço de Informação ao Cidadão - SIC — Orienta o público quanto ao acesso às informações que não estão disponíveis no portal ou na página da Transparência Ativa da UFSB.
www.ufsb.edu.br/acesso-informacao/servico-informacao-cidadao

Procedimentos Correcionais — Abrange sindicâncias investigativas, processos administrativos disciplinares, sindicâncias patrimoniais e inspeções, referentes a irregularidades e atos ilícitos praticados por agentes públicos.
www.ufsb.edu.br/a-ufsb/cpac

Auditoria Interna — Auxiliar a instituição a realizar seus objetivos a partir da aplicação de uma abordagem sistemática e disciplinada para avaliar e melhorar a eficácia dos processos de governança, de gerenciamento de riscos e de controles.
www.ufsb.edu.br/a-ufsb/audin

Conflitos de Interesses — Previne, avalia e atua corretivamente em situações geradas pelo confronto entre interesses públicos e privados, que possam comprometer a interesse coletivo ou influenciar, de maneira imprópria, o desempenho da função pública.

Comissão de Ética — Atua na aplicação do Código de Ética Profissional do Servidor, apurando condutas em desacordo com as normas éticas estabelecidas, além de recomendar ações para a disseminação das normas e comportamento éticos.
www.ufsb.edu.br/a-ufsb/comissa-de-etica

Fonte: Nazário, 2020.

A UFSB foi eficaz, pois, além de atender às leis, conseguiu montar uma estrutura interligada, com diversos atores, que objetiva criar as condições propícias aos preceitos de *accountability*, em todas as suas dimensões. Destacamos, nessa situação, o esforço eficaz de dar publicidade à transparência de seus atos.

> Segundo o portal Só Notícias, o Tribunal de Contas do Estado do Mato Grosso aponta que prefeitura de Sinop tem sido eficaz no cumprimento de metas. Veja mais informações no link indicado a seguir.
> TCE aponta que prefeitura de Sinop tem melhor resultado no cumprimento de metas. **Só Notícias**, 6 fev. 2020. Disponível em: <https://www.sonoticias.com.br/politica/tce-aponta-que-prefeitura-de-sinop-tem-melhor-resultado-no-cumprimento-de-metas/>. Acesso em: 6 set. 2020.

A eficácia idealizada e buscada na gestão é aquela em que a transparência nos atos públicos seja um mecanismo de combate à corrupção, lançando luz sobre as ações de governo, para que todo e qualquer cidadão possa tomar conhecimento do que está ocorrendo em seu município, em seu estado e no país.

Vale lembrar que um governo eficaz é aquele que, de forma efetiva, traz a sociedade para o debate sobre as políticas públicas, o que propicia um ambiente de participação cidadã. Cada dia mais os cidadãos buscam mais transparência dos atos públicos, para que possam apontar suas sugestões e seus descontentamentos.

> Além da exigência legal, a demanda por maior lisura dos governos em relação a gastos e implementação de políticas está cada vez mais forte e presente entre os brasileiros. Já é comum ver cidadãos reivindicando dados e acesso à informação e buscando saber como seus representantes estão investindo os recursos e direcionando-os à gestão. Ao ter livre acesso aos processos que norteiam a gestão, a sociedade tende a ser mais participativa, auxiliando na formulação de propostas consistentes e eficazes.
>
> Por isso, os gestores de todos os setores e esferas administrativas precisam colocar o tema "Transparência Pública" entre suas prioridades, não apenas para atender à lei,

> mas também como instrumento de aproximação entre a Administração Pública e a população. Pelo maior contato com os cidadãos, é possível entender melhor suas demandas e estabelecer prioridades para atendê-las, além de mostrar também os desafios enfrentados pelo setor público. (Nittis, 2019)

Ou seja, a eficiência nos atos e sua publicidade e transparência são capazes de inibir a corrupção e contribuir para a construção de um país mais justo. Por isso, voltamos a ratificar que a transparência é uma ferramenta de gestão pública, a qual tem seu grau ranqueado por indicadores, como a Escala Brasil Transparente (EBT), já mencionada neste livro. Na sequência, vamos nos aprofundar no estudo desse indicador.

6.4 Escala Brasil Transparente (EBT)

Por que existem indicadores? Já vimos que eles servem para acompanhar e controlar o que foi planejado. Têm ainda uma função de aprendizado, pois evidenciam as melhores práticas que podem – e devem – ser adotadas. Por exemplo, imagine que um município tem uma prática de transparência de excelência, com um portal *web* que possibilita uma análise de 360° de todos os gastos públicos; os demais municípios do mesmo estado, ou até de outros, devem se inspirar e adotar tais práticas. Esse é mais um motivo para que todas as instâncias públicas publicitem as ações que envolvam o fortalecimento da transparência.

Um exemplo de indicador é a Escala Brasil Transparente (EBT), assim definida:

é uma metodologia para medir a transparência pública em estados e municípios brasileiros. A EBT foi desenvolvida para fornecer os subsídios necessários à Controladoria-Geral da União (CGU) para o exercício das competências que lhe atribuem os artigos 59 da Lei Complementar nº 101/2000 e 41 (I) da Lei de Acesso à Informação, assim como os artigos 68 (II) do Decreto nº 7.724/2012 e 18 (III), do Decreto nº 8.910/2016. (Brasil, 2020d)

A EBT está intimamente ligada ao cumprimento da LAI:

> A EBT avalia o grau de cumprimento de dispositivos da Lei de Acesso à Informação (LAI). Suas três versões concentram-se na transparência passiva e por isso foram realizadas solicitações reais de acesso à informação aos entes públicos avaliados. A partir da EBT, a CGU pretende aprofundar o monitoramento da transparência pública e gerar um produto que possibilite o acompanhamento das ações empreendidas por estados e municípios no tocante ao direito de acesso à informação. (Brasil, 2020d)

A EBT avalia o nível da transparência passiva – aquela que é disponibilizada ao cidadão sem que ele precise solicitar, como vimos anteriormente. É uma metodologia constituída por "12 quesitos que cobrem aspectos da regulamentação do acesso à informação e a existência e funcionamento do Serviço de Informação ao Cidadão (SIC)" (Brasil, 2020f).

Figura 6.8 – Metodologia da EBT

ESCALA BRASIL TRANSPARENTE

TRANSPARÊNCIA PASSIVA

A EBT – Transparência Passiva é uma metodologia para medir a transparência pública em estados e municípios brasileiros com foco na avaliação da transparência passiva e na análise da Regulamentação da Lei de Acesso à Informação (LAI).

12 QUESITOS

REGULAMENTAÇÃO DA LAI
- Exposição da legislação no site do avaliado
- Existência da regulamentação
- Regulamentação do SIC
- Regulamentação da classificação de sigilo
- Regulamentação da responsabilização do servidor
- Regulamentação da instâncias recursais

TRANSPARÊNCIA PASSIVA
- Divulgação do SIC físico — *atendimento presencial*
- Existência de um e-SIC — *atendimento pela internet*
- Possibilidade de acompanhamento do pedido de acesso
- Inexistência de pontos que dificultem ou inviabilizem o pedido de acesso
- Respostas aos pedidos no prazo legal
- Respostas em conformidade com que foi solicitado

PESO
- 25% REGULAMENTAÇÃO DA LAI
- 75% TRANSPARÊNCIA PASSIVA

NOTAS 0 A 10 PONTOS

SIM / NÃO — PREENCHIMENTO BINÁRIO
salvo quando um site não for encontrado, podendo nesse caso existir os termos "Não Localizado" ou "Site Fora do AR".

Fonte: Brasil, 2020f.

Até 2019, a EBT já tinha três edições; a última é a EBT 3.0. É interessante observar como a escala vem evoluindo: na primeira edição, foram avaliados 519 entes federativos; na segunda, 1.614; na terceira, 2.355, como consta no Quadro 6.2.

Quadro 6.2 – Edições da EBT

Edição	Descrição do processo
EBT 3.0	**Seleção de Municípios:** Para a aplicação da terceira versão da Escala Brasil Transparente (EBT 3.0), foram avaliados **2.355** entes federativos, sendo **2.301** municípios, todas as **27** capitais, além dos **26 estados e o Distrito Federal**. Todos os municípios que foram avaliados na EBT 1.0 e EBT 2.0 também foram avaliados na EBT 3.0.
	A elaboração da amostra adotada na EBT 3.0 considerou como universo populacional todos os municípios brasileiros conforme as estimativas populacionais de 2014 do IBGE. Esse universo totaliza 5.570 municípios. Para mais informações sobre a descrição da amostragem, consulte o Plano Amostral – EBT 3.0
	Obs.: Uma vez que o Distrito Federal apresenta competências constitucionais atribuídas tanto a municípios como a estados, passou-se a repetir a sua nota no ranking dos municípios com a denominação de Brasília, que representa a capital federal. Assim, passou a nota atribuída ao Distrito Federal a constar tanto no ranking de municípios como de estados.
	Período da avaliação e revisão: A aplicação da EBT 3.0 contou com uma etapa de avaliação e duas etapas de revisão.
	Avaliação: de 27/06/2016 a 26/08/2016
	1ª Revisão: de 29/08/2015 a 07/10/2016
	2ª Revisão: 10/10/2016 a 16/01/2017

(continua)

(Quadro 6.2 – continuação)

Edição	Descrição do processo
EBT 2.0	**Seleção de Municípios:** Para a aplicação da segunda versão da Escala Brasil Transparente (EBT 2.0), foram avaliados **1.614** entes federativos, sendo **1.560** municípios, todas as **27** capitais, além dos **26** estados e o **Distrito Federal**. Todos os 465 municípios avaliados na EBT 1.0 também foram avaliados na EBT 2.0. A elaboração da amostra adotada na EBT 2.0 considerou como universo populacional todos os municípios brasileiros conforme as estimativas populacionais de 2014 do IBGE. Esse universo totaliza 5.570 municípios. Obs.: Uma vez que o Distrito Federal apresenta competências constitucionais atribuídas tanto a municípios como a estados, passou-se a repetir a sua nota no ranking dos municípios com a denominação de Brasília, que representa a capital federal. Assim, passou a nota atribuída ao Distrito Federal a constar tanto no ranking de municípios como de estados. **Período da avaliação e revisão:** A aplicação da EBT 2.0 contou com uma etapa de avaliação e duas etapas de revisão. Essa dupla revisão representa um diferencial com relação à aplicação da EBT 1.0, a qual contou com apenas uma etapa de revisão. Avaliação: de 27/07/2015 a 14/08/2015 1ª Revisão: de 14/08/2015 a 01/09/2015 2ª Revisão: 04/09/2015 a 09/10/2015

(Quadro 6.2 – conclusão)

Edição	Descrição do processo
EBT 1.0	**Seleção de Municípios:** Para a primeira aplicação da EBT 1.0, foram avaliados **519** entes federativos, sendo **465** municípios com até 50 mil habitantes, todas as **27** capitais, além dos **26** estados e o **Distrito Federal**.
	Para definir a amostra dos municípios com até 50 mil habitantes adotou-se como critério uma seleção aleatória, utilizando a base de dados do IBGE de 2014. Essa seleção atingiu um percentual aproximado de 9% dos municípios de cada unidade federativa (estado).
	Obs.: Uma vez que o Distrito Federal apresenta competências constitucionais atribuídas tanto a municípios como a estados, passou-se a repetir a sua nota no ranking dos municípios com a denominação de Brasília, que representa a capital federal. Assim, passou a nota atribuída ao Distrito Federal a constar tanto no ranking de municípios como de estados.
	Estados e Capitais: Foram incluídas na amostra todas as 27 capitais do país, bem como todos os 26 estados e o Distrito Federal.
	Período da avaliação e revisão:
	Municípios com até 50 mil habitantes: de 12/01/2015 a 24/04/2015.*
	Estados e Capitais: de 31/03/2015 a 04/05/2015.*
	*A revisão não compreendeu novo pedido de acesso e na avaliação de estados e capitais foi feita em data mais próxima possível à avaliação.

Fonte: Brasil, 2020e.

Podemos constatar que foi um avanço significativo pontuar o nível da transparência passiva, primeiro em grandes municípios e depois nas cidades dos mais diversos portes. Desse modo, viabiliza-se a difusão das boas práticas. Ao analisarmos a EBT 3.0 dos estados, cujo resultado apresentamos a seguir, verificamos 12 estados na primeira posição – na EBT 1.0, havia apenas dois estados nessa posição (Ceará e São Paulo) e, na EBT 2.0, oito. Isso mostra a consolidação de boas ações que visam à transparência por parte dos estados.

Mapa 6.1 – Panorama dos governos estaduais

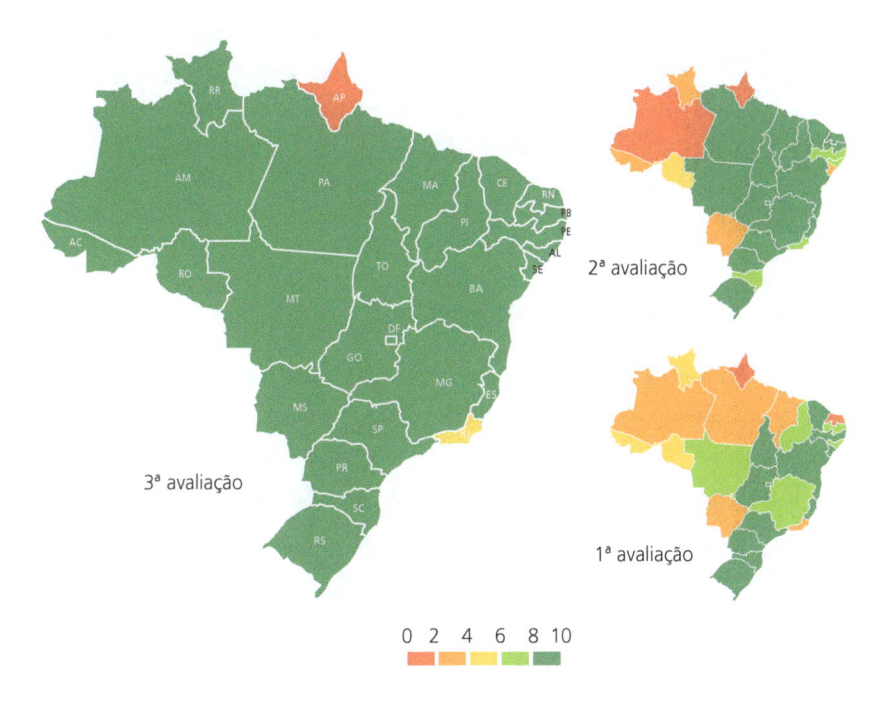

Fonte: Brasil, 2020c.

Na primeira edição da escala, nenhum estado da Região Norte estava bem avaliado; já na edição 3.0, apenas o Amapá estava abaixo do esperado. Um detalhe significativo é que o estado de São Paulo foi o primeiro colocado nas três edições. Podemos supor que, por ser o estado mais desenvolvido do ponto de vista econômico, teve condições de amplificar suas práticas, inclusive compartilhando sua *expertise* com as demais unidades federativas. É muito interessante o fato de que os portais de todos os estados apresentam similaridades entre si.

> *Para saber mais*
>
> Veja os resultados de todas as edições da EBT no *link* indicado a seguir.
> BRASIL. Controladoria-Geral da União. **Escala Brasil Transparente:** transparência passiva. Disponível em: <https://www.gov.br/cgu/pt-br/assuntos/transparencia-publica/escala-brasil-transparente>. Acesso em: 6 set. 2020.

Consultando a legislação

O **Decreto n. 8.638, de 15 de janeiro de 2016** instituiu a política de governança digital para a administração pública federal direta, autárquica e fundacional. Posteriormente, foi revogado pelo **Decreto n. 10.332, de 28 de abril de 2020**. Compare os dois documentos.

> BRASIL. Decreto n. 8.638, de 15 de janeiro de 2016. **Diário Oficial da União**, Poder Executivo, Brasília, DF, 18 jan. 2016. Disponível em: <http://www.planalto.gov.br/ccivil_03/_ato2015-2018/2016/decreto/d8638.htm>. Acesso em: 30 out. 2020.
>
> BRASIL. Decreto n. 10.332, de 28 de abril de 2020. **Diário Oficial da União**, Poder Executivo, Brasília, DF, 29 abr. 2020. Disponível em: <http://www.planalto.gov.br/ccivil_03/_Ato2019-2022/2020/Decreto/D10332.htm>. Acesso em: 30 out. 2020.

Síntese

Neste capítulo final, além de apresentarmos a transparência como ferramenta de gestão pública, retomamos temáticas que já havíamos discutido para ampliar nossa abordagem. Em um mundo dinâmico e tecnológico como o nosso, o poder público deve se adaptar às novas demandas dos cidadãos e, principalmente, tornar a gestão pública participativa.

Finalizamos este capítulo com o assunto iniciado na apresentação deste livro: a democracia. Só em um país democrático é possível discutir a potencialidade do *accountability* e sua instância de transparência pública como um ideal a ser conquistado – um ideal de um país colaborativo e menos corrupto. A democracia é a base da administração pública, e essa base deve ser planejada, organizada, dirigida e controlada tendo em vista o alcance da eficiência e da eficácia – especialmente da segunda, visto que seguir a lei é ser eficiente; fazer isso com o apoio e a participação popular é ser eficaz.

Vimos que os gestores públicos devem entender que a transparência deve ser usada como instrumento de governança para a construção de uma sociedade mais justa e igualitária. Para que isso ocorra, é vital a elaboração de indicadores para auferir a capacidade de transparência dos entes públicos.

Questões para revisão

1. Avalie as asserções a seguir e a relação proposta entre elas.

    I. A gestão presta conta de seus atos à sociedade, direcionada, avaliada e monitorada pelos programas e pelos aspectos de governança.

    PORQUE

    II. A governança é orientativa no sentido de apresentar os meios de ação dos agentes públicos, sempre em consonância com as leis.

Agora, assinale a opção correta:

a. As asserções I e II são verdadeiras, e a II é uma justificativa da I.

b. As asserções I e II são verdadeiras, mas a II não é uma justificativa da I.

c. A asserção I é verdadeira, e a II é falsa.

d. A asserção I é falsa, e a II é verdadeira.

e. As asserções I e II são falsas.

2. A eficiência nos atos públicos é resultado de processos bem elaborados que seguem os princípios da administração pública. Assim, conhecer cada parte de um processo é de extrema importância, pois um descuido pode ser considerado um ato de improbidade, principalmente na relação entre atividades e processos, ou seja, devem-se preparar as atividades para que estas se tornem parte do processo.

A relação entre atividade e processo corresponde ao(à):

a. tarefa.

b. processo.

c. subprocesso.

d. atividade.

e. macroprocesso.

3. A democracia está na base da gestão pública transparente no Brasil, pois se espera o acesso aos atos dos agentes públicos, já que, com uma estrutura representacional, característica das democracias, o cidadão elege seus pares para gerenciar esses recursos e manter a cidade em funcionamento.

Sobre esses aspectos, analise as afirmações a seguir.

I. É por meio da transparência que se forma a opinião pública, e a opinião dos cidadãos é vital para o sucesso da democracia.

II. A Lei de Acesso à Informação (LAI) é um exemplo de instrumento que demonstra como a democracia se concretiza por meio da legislação e da execução dos atos dos entes públicos.

III. A transparência visa lançar luz sobre os atos governamentais que moldam a vida dos cidadãos, porém não pode ser vista como ferramenta de gestão.

É correto o que se afirma em:

a. I apenas.
b. III apenas.
c. I e II apenas.
d. II e III apenas.
e. I, II e III.

4. A Escala Brasil Transparente (EBT) é um instrumento para se obter conhecimento sobre a transparência dos atos públicos no Brasil. Explique por que essa ferramenta foi desenvolvida.

5. Sem dúvida, a transparência traz benefícios para a sociedade democrática, como a fiscalização da gestão pública. Descreva a importância desse benefício.

Questões para reflexão

1. Para que haja transparência, devem ser realizados atos que permitam que cidadãos acompanhem o que tem sido feito pelo ente público. Explique como ocorre o ato de transparência.

2. Ao longo do tempo, tem aumentado o desejo da sociedade de fiscalizar a gestão pública. Descreva como a transparência possibilita isso.

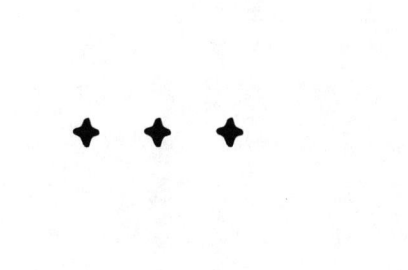

✦ ✦ ✦

Considerações finais

Neste livro, buscamos disponibilizar ao leitor uma "caixa de ferramentas" para a análise da ação pública, pois acreditamos que o conhecimento é a melhor arma contra a corrupção e os malfeitos. Por sua vez, o *accountability*, no contexto contemporâneo, é um mecanismo que visa garantir a lisura na gestão pública, por meio do qual cada cidadão passa entender seu papel na sociedade e como agente fiscalizador de seus representantes.

Como toda obra é um caminho a ser seguido, especialmente no caso de uma temática tão atual e dinâmica como a analisada aqui, recomendamos que você sempre pesquise as decisões de tribunais judiciais, bem como do Conselho Nacional de Justiça (CNJ), da Controladoria-Geral da União (CGU), dos próprios estados e do Conselho Nacional do Ministério Público (CNMP), visto que estes contam com regramentos específicos sobre *accountability* e podem lhe trazer interessantes informações.

Os entes públicos são gestores, independentemente de função ou órgão, e o objetivo central é desenvolver uma gestão que cumpra seus princípios e evite atos de improbidade. Por isso, novos conceitos, examinados nesta obra, começam a fazer parte do cotidiano dos cidadãos: controlabilidade, transparência, responsividade, planejamento da gestão pública, *compliance*, governança, gestão participativa e nova gestão pública. Esses conceitos vão ao encontro das demandas sociais, que correspondem ao ensejo de construção de um país sólido, forte, justo e com amplas oportunidades para todos.

Boa jornada!

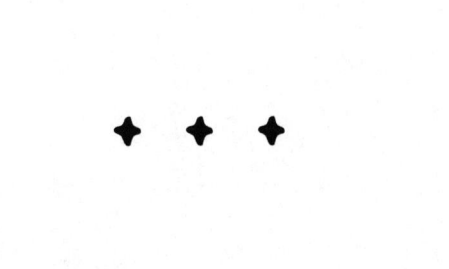

✦ ✦ ✦

Lista de siglas

Abep	Associação Brasileira de Entidades Estaduais de Tecnologia da Informação e Comunicação
CDU	Código de Defesa do Usuário do Serviço Público
CGU	Controladoria-Geral da União
CNJ	Conselho Nacional de Justiça
CNMP	Conselho Nacional do Ministério Público
CPI	Comissão Parlamentar de Inquérito
DOU	Diário Oficial da União
EBT	Escala Brasil Transparente
EGDI	*E-Government Development Index*
e-SIC	Sistema Eletrônico de Informação ao Cidadão
IN	Imprensa Nacional
LAI	Lei de Acesso à Informação
LDO	Lei de Diretrizes Orçamentárias
LOA	Lei Orçamentária Anual
LRF	Lei de Responsabilidade Fiscal
NGP	Nova Gestão Pública
NPM	*New public mangement*
ONU	Organização das Nações Unidas
OP	Orçamento Participativo
PD	Plano Diretor
PES	Planejamento Estratégico Situacional
PIT	Programa de Integridade e Transparência
PPA	Plano Plurianual
RGF	Relatório de Gestão Fiscal
RREO	Relatório Resumido da Execução Orçamentária
SIC	Serviço de Informações ao Cidadão
SUS	Sistema Único de Saúde
TCU	Tribunal de Contas da União

✦ ✦ ✦

Referências

ABRUCIO, F. L.; LOUREIRO, M. R. Finanças públicas, democracia e accountability: debate teórico e o caso brasileiro. In: ARVATE, P. R.; BIDERMAN, C. **Economia do setor público no Brasil**. Rio de Janeiro: Elsevier; Campus, 2004. p. 75-102.

ACUÑA, C. H.; CHUDNOVSKY, M. **12 notas conceituais para entender melhor o Estado, as políticas públicas e sua gestão**. [S.l.]: CAF, 2017. Disponível em: <https://scioteca.caf.com/bitstream/handle/123456789/1029/12-Notas%20de%20conceito_CAF-2017_Vfinal_POR.PDF?sequence=8&isAllowed=y>. Acesso em: 6 nov. 2020.

Afinal, o que é a "Nova Gestão Pública?" **Colab Blog**, 30 jan. 2019. Disponível em: <https://www.colab.re/conteudo/afinal-o-que-e-a-nova-gestao-publica#:~:text=Muito%20se%20fala%20na%20Nova%20Gest%C3%A3o%20P%C3%BAblica.&text=%C3%89%20uma%20teoria%20da%20Administra%C3%A7%C3%A3o,eficiente%20e%20engajamento%20por%20exemplo>. Acesso em: 6 set. 2020.

AGÊNCIA SENADO. Crime de responsabilidade. **Senado Notícias**, 2020. Disponível em: <https://www12.senado.leg.br/noticias/glossario-legislativo/crime-de-responsabilidade>. Acesso em: 6 set. 2020.

AGUIAR, A. B. et al. Associação entre sistema de incentivos gerenciais e práticas de contabilidade gerencial. **RAE – Revista de Administração de Empresas**, São Paulo, v. 52, n. 1, p. 40-54, fev. 2012.

ALPERSTEDT, H. D. Conheça os 5 princípios da administração pública! **Politize!**, 24 jul. 2017. Disponível em: <https://www.politize.com.br/principios-administracao-publica/>. Acesso em: 6 set. 2020.

AMARAL, N. A. de L. et al. Contribuições da auditoria interna para a eficiência do controle interno no setor público. **Revista Gestão Pública: Práticas e Desafios**, Recife, v. IV, n. 7, p. 192-213, ago. 2013.

AMORIM, M. A lei de responsabilidade fiscal na administração pública: a ineficácia que leva à impunidade. **Jus.com.br**, jun. 2019. Disponível em: <https://jus.com.br/artigos/74886/a-lei-de-responsabilidade-fiscal-na-administracao-publica-a-ineficacia-que-leva-a-impunidade>. Acesso em: 6 set. 2020.

ANDRADE, D. Conheça o ciclo das políticas públicas. **Politize!**, 23 fev. 2016. Disponível em: <https://www.politize.com.br/ciclo-politicas-publicas/>. Acesso em: 6 set. 2020.

ANDRADE, R. G.; RAUPP, F. M. Transparência do Legislativo local à luz da Lei de Acesso à Informação: evidências empíricas a partir dos maiores municípios brasileiros. **Desenvolvimento em Questão**, v. 15, n. 41, p. 85-130, 2017.

ARAÚJO, V. de C. **A conceituação de governabilidade e governança, da sua relação entre si e com o conjunto da reforma do Estado e do seu aparelho**. Brasília: Enap, 2002. (Texto para Discussão, n. 45).

ASTRUSWEB. Transparência na gestão pública: o que é e como surgiu? **Blog da Sisgov**. Disponível em: <http://sisgov.com/transparencia-na-gestao-publica-o-que-e-e-como-surgiu/>. Acesso em: 6 set. 2020.

BEMERGUY, M. **Controle público**: instrumento da cidadania. [S.d.]. Disponível em: <https://www.senado.gov.br/comissoes/cma/ap/AP_080515_TCU_ControlePublicoInstrumentodeCidadania.pdf>. Acesso em: 6 set. 2020.

BERNARDI, J. L. **A organização municipal e a política urbana**. Curitiba: InterSaberes, 2012.

BERNARDI, J. L.; BRUDEKI, N. M. **Gestão de serviços públicos municipais**. Curitiba: InterSaberes, 2013.

BOBBIO, N. **O futuro da democracia**: uma defesa das regras do jogo. 10. ed. São Paulo: Paz e Terra, 2000.

BRAGA, M. V. A. O controle social da educação básica pública: a atuação dos conselheiros do Fundeb. 2011. 176 f. Dissertação (Mestrado em Educação) – Universidade de Brasília, Brasília, DF, 2011.

BRASIL. Câmara dos Deputados. **Orçamento da União**: Plano Plurianual (PPA). Disponível em: <https://www2.camara.leg.br/orcamento-da-uniao/leis-orcamentarias/ppa>. Acesso em: 6 set. 2020a.

BRASIL. Casa Civil da Presidência da República. **Guia da política de governança pública**. Brasília: Casa Civil da Presidência da República, 2018a. Disponível em: <https://www.gov.br/cgu/pt-br/assuntos/noticias/2018/12/governo-federal-lanca-guia-sobre-a-politica-de-governanca-publica/guia-politica-governanca-publica.pdf/view>. Acesso em: 6 set. 2020.

BRASIL. Congresso Nacional. **O que é?** Disponível em: <https://www2.congressonacional.leg.br/visite/o-que-e>. Acesso em: 6 set. 2020b.

BRASIL. Constituição (1988). **Diário Oficial da União**, Brasília, DF, 5 out. 1988. Disponível em: <http://www.planalto.gov.br/ccivil_03/constituicao/constituicao.htm>. Acesso em: 6 set. 2020.

BRASIL. Constituição (1988). Emenda Constitucional n. 20, de 15 de dezembro de 1998. **Diário Oficial da União**, Poder Legislativo, Brasília, DF, 16 dez. 1998. Disponível em: <http://www.planalto.gov.br/ccivil_03/constituicao/constituicao.htm>. Acesso em: 6 set. 2020.

BRASIL. Controladoria-Geral da União. **Escala Brasil Transparente**: panorama dos governos estaduais. 3ª avaliação. Disponível em: <https://relatorios.cgu.gov.br/Visualizador.aspx?id_relatorio=22>. Acesso em: 6 set. 2020c.

BRASIL. Controladoria-Geral da União. **Escala Brasil Transparente**: transparência passiva. Disponível em: <https://www.gov.br/cgu/pt-br/assuntos/transparencia-publica/escala-brasil-transparente>. Acesso em: 6 set. 2020d.

BRASIL. Controladoria-Geral da União. **Escala Brasil Transparente**: transparência passiva: amostragem. Disponível em: <https://www.gov.br/cgu/pt-br/assuntos/transparencia-publica/escala-brasil-transparente/amostragem>. Acesso em: 9 nov. 2020e.

BRASIL. Controladoria-Geral da União. **Escala Brasil Transparente**: transparência passiva: metodologia. Disponível em: <https://www.gov.br/cgu/pt-br/assuntos/transparencia-publica/escala-brasil-transparente/metodologia>. Acesso em: 9 nov. 2020f.

BRASIL. Controladoria-Geral da União. Mapa Brasil Transparente. Disponível em: <https://mbt.cgu.gov.br/publico/home>. Acesso em: 20 out. 2020g.

BRASIL. Controladoria-Geral da União. Mapa Brasil Transparente. **Avaliações independentes**. Disponível em: <https://mbt.cgu.gov.br/publico/avaliacao/escala_brasil_transparente/200000005>. Acesso em: 20 out. 2020h.

BRASIL. Controladoria-Geral da União. **Programa de Integridade da CGU**. Disponível em: <https://www.gov.br/cgu/pt-br/acesso-a-informacao/governanca/programa-de-integridade-da-cgu>. Acesso em: 2 dez. 2020i.

BRASIL. Controladoria-Geral da União. Secretaria de Prevenção da Corrupção e Informações Estratégicas. **Controle social**: orientações aos cidadãos para participação na gestão pública e exercício do controle social. Brasília, 2012a. (Coleção Olho Vivo). Disponível em: <https://www.gov.br/cgu/pt-br/centrais-de-conteudo/publicacoes/controle-social/arquivos/controlesocial2012.pdf/view>. Acesso em: 6 set. 2020.

BRASIL. Controladoria-Geral da União. Secretaria de Prevenção da Corrupção e Informações Estratégicas. **Manual da Lei de Acesso à Informação para estados e municípios**. Brasília, 2013a. (Coleção Olho Vivo). Disponível em: <https://www.gov.br/cgu/pt-br/centrais-de-conteudo/publicacoes/transparencia-publica/brasil-transparente/arquivos/manual_lai_estadosmunicipios.pdf/view>. Acesso em: 6 set. 2020.

BRASIL. Decreto-Lei n. 201, de 27 de fevereiro de 1967. **Diário Oficial da União**, Poder Executivo, Brasília, DF, 27 fev. 1967. Disponível em: <http://www.planalto.gov.br/ccivil_03/Decreto-Lei/Del0201.htm>. Acesso em: 6 set. 2020.

BRASIL. Decreto n. 3.591, de 6 de setembro de 2000. **Diário Oficial da União**, Poder Executivo, Brasília, DF, 8 set. 2000a. Disponível em: <http://www.planalto.gov.br/ccivil_03/decreto/D3591.htm>. Acesso em: 6 set. 2020.

BRASIL. Decreto n. 8.420, de 18 de março de 2015. **Diário Oficial da União**, Poder Executivo, Brasília, DF, 19 mar. 2015. Disponível em: <http://www.planalto.gov.br/ccivil_03/_ato2015-2018/2015/decreto/d8420.htm#:~:text=DECRETO%20N%C2%BA%208.420%2C%20DE%2018,estrangeira%20e%20d%C3%A1%20outras%20provid%C3%AAncias>. Acesso em: 23 out. 2020.

BRASIL. Decreto n. 8.638, de 15 de janeiro de 2016. **Diário Oficial da União**, Poder Executivo, Brasília, DF, 18 jan. 2016a. Disponível em: <http://www.planalto.gov.br/ccivil_03/_ato2015-2018/2016/decreto/d8638.htm>. Acesso em: 6 set. 2020.

BRASIL. Decreto n. 9.203, de 22 de novembro de 2017. **Diário Oficial da União**, Poder Executivo, Brasília, DF, 23 nov. 2017a. Disponível em: <http://www.planalto.gov.br/ccivil_03/_ato2015-2018/2017/decreto/D9203.htm>. Acesso em: 6 set. 2020.

BRASIL. Decreto n. 10.332, de 28 de abril de 2020. **Diário Oficial da União**, Poder Executivo, Brasília, DF, 29 abr. 2020j. Disponível em: <http://www.planalto.gov.br/ccivil_03/_Ato2019-2022/2020/Decreto/D10332.htm>. Acesso em: 30 out. 2020.

BRASIL. Lei n. 1.079, de 10 de abril de 1950. **Diário Oficial da União**, Poder Legislativo, Brasília, DF, 12 abr. 1950. Disponível em: <http://www.planalto.gov.br/ccivil_03/leis/l1079.htm>. Acesso em: 6 set. 2020.

BRASIL. Lei n. 7.209, de 11 de julho de 1984. **Diário Oficial da União**, Poder Executivo, Brasília, DF, 11 jul. 1984. Disponível em: <http://www.planalto.gov.br/ccivil_03/LEIS/1980-1988/L7209.htm>. Acesso em: 6 set. 2020.

BRASIL. Lei n. 8.112, de 11 de dezembro de 1990. **Diário Oficial da União**, Poder Executivo, Brasília, DF, 19 abr. 1991. Disponível em: <http://www.planalto.gov.br/ccivil_03/leis/l8112cons.htm>. Acesso em: 2 dez. 2020.

BRASIL. Lei n. 8.429, de 2 de junho de 1992. **Diário Oficial da União**, Poder Executivo, Brasília, DF, 3 jun. 1992. Disponível em: <http://www.planalto.gov.br/ccivil_03/leis/l8429.htm>. Acesso em: 2 dez. 2020.

BRASIL. Lei n. 10.180, de 6 de fevereiro de 2001. **Diário Oficial da União**, Poder Executivo, Brasília, DF, 7 fev. 2001a. Disponível em: <http://www.planalto.gov.br/ccivil_03/leis/leis_2001/l10180.htm>. Acesso em: 6 set. 2020.

BRASIL. Lei n. 10.257, de 10 de julho de 2001. **Diário Oficial da União**, Poder Legislativo, Brasília, DF, 11 jul. 2001. Disponível em: <http://www.planalto.gov.br/ccivil_03/leis/leis_2001/l10257.htm>. Acesso em: 6 set. 2020.

BRASIL. Lei n. 12.527, de 18 de novembro de 2011. **Diário Oficial da União**, Poder Legislativo, Brasília, DF, 18 nov. 2011. Disponível em: <http://www.planalto.gov.br/ccivil_03/_ato2011-2014/2011/lei/l12527.htm>. Acesso em: 6 set. 2020.

BRASIL. Lei n. 12.846, de 1º de agosto de 2013. **Diário Oficial da União**, Poder Executivo, Brasília, DF, 2 ago. 2013b. Disponível em: <http://www.planalto.gov.br/ccivil_03/_ato2011-2014/2013/lei/l12846.htm>. Acesso em: 6 set. 2020.

BRASIL. Lei n. 13.460, de 26 de junho de 2017. **Diário Oficial da União**, Poder Legislativo, Brasília, DF, 27 jun. 2017b. Disponível em: <http://www.planalto.gov.br/ccivil_03/_ato2015-2018/2017/lei/l13460.htm>. Acesso em: 23 out. 2020.

BRASIL. Lei Complementar n. 101, de 4 de maio de 2000. **Diário Oficial da União**, Poder Legislativo, Brasília, DF, 5 maio 2000b. Disponível em: <http://www.planalto.gov.br/ccivil_03/leis/lcp/lcp101.htm>. Acesso em: 6 set. 2020.

BRASIL. Lei Complementar n. 131, de 27 de maio de 2009. **Diário Oficial da União**, Poder Legislativo, Brasília, DF, 27 maio 2009a. Disponível em: <http://www.planalto.gov.br/ccivil_03/leis/lcp/lcp131.htm>. Acesso em: 4 nov. 2020.

BRASIL. Ministério da Economia. **ONU divulga ranking de governo digital**. 29 out. 2018b. Disponível em: <https://www.gov.br/economia/pt-br/assuntos/noticias/planejamento/onu-divulga-ranking-de-governo-digital#:~:text=Realizada%20a%20cada%20dois%20anos,desenvolvimento%20e%20desempenho%20dessas%20iniciativas>. Acesso em: 6 set. 2020.

BRASIL. Ministério da Economia. **O que é Lei de Diretrizes Orçamentárias (LDO)?** Disponível em: <https://www2.camara.leg.br/orcamento-da-uniao/leis-orcamentarias/ldo>. Acesso em: 6 set. 2020k.

BRASIL. Ministério da Economia. **O que é planejamento governamental?** Disponível em: <https://www.gov.br/economia/pt-br/acesso-a-informacao/acoes-e-programas/integra/planejamento-governamental>. Acesso em: 6 set. 2020l.

BRASIL. Ministério da Fazenda. Secretaria do Tesouro Nacional. **Manual de demonstrativos fiscais**: aplicado à União e aos estados, Distrito Federal e municípios. Válido a partir do exercício financeiro de 2019. 9. ed. Brasília, 2018c. Disponível em: <https://conteudo.tesouro.gov.br/manuais/index.php?option=com_content&view=categories&id=560&Itemid=675>. Acesso em: 6 set. 2020.

BRASIL. Ministério da Justiça. Conselho Administrativo de Defesa Econômica. **Guia Programas de Compliance**: orientações sobre estruturação e benefícios da adoção dos programas de compliance concorrencial. Brasília, 2016b. Disponível em: <https://cdn.cade.gov.br/Portal/centrais-de-conteudo/publicacoes/guias-do-cade/guia-compliance-versao-oficial.pdf?_ga=2.252343241.1933930171.1609074595-1328786697.1598983510>. Acesso em: 6 set. 2020.

BRASIL. Ministério da Saúde. **O SUS no seu município**: garantindo saúde para todos. 2. ed. Brasília, 2009b. Disponível em: <https://bvsms.saude.gov.br/bvs/publicacoes/sus_municipio_garantindo_saude.pdf>. Acesso em: 9 nov. 2020.

BRASIL. Ministério do Planejamento, Orçamento e Gestão. Secretaria de Orçamento Federal. Secretaria de Planejamento e Investimentos Estratégicos. **Indicadores:** orientações básicas aplicadas à gestão pública. Brasília: Ministério do Planejamento, Orçamento e Gestão; Secretaria de Orçamento Federal; Secretaria de Planejamento e Investimentos Estratégicos, 2012b. Disponível em: <http://www.gespublica.gov.br/sites/default/files/documentos/indicadores_orientacoes_basicas_aplicadas_a_gestao_publica.pdf>. Acesso em: 6 set. 2020.

BRASIL. Portal Gov.br. Disponível em: <https://www.gov.br/pt-br>. Acesso em: 9 nov. 2020m.

BRASIL. Portal Gov.br. **Guia de Edição de Serviços do Portal Gov.br:** informações básicas. 12 jun. 2020n. Disponível em: <https://www.gov.br/pt-br/guia-de-edicao-de-servicos-do-gov.br/informacoes-basicas>. Acesso em: 6 set. 2020.

BRASIL. Secretaria-Geral da Presidência da República. Imprensa Nacional. **Diário Oficial da União:** leitura do jornal. Disponível em: <https://www.in.gov.br/leiturajornal>. Acesso em: 6 set. 2020o.

BRASIL. Secretaria-Geral da Presidência da República. Imprensa Nacional. **Institucional.** Disponível em: <http://www.in.gov.br/acesso-a-informacao/institucional>. Acesso em: 6 set. 2020p.

BRASIL. Tesouro Nacional. **Execução orçamentária e financeira:** Lei de Responsabilidade Fiscal. 7 maio 2020q. Disponível em: <https://www.gov.br/tesouronacional/pt-br/execucao-orcamentaria-e-financeira/lei-de-responsabilidade-fiscal>. Acesso em: 6 set. 2020.

BRASIL. Tesouro Nacional Transparente. **Relatório de Gestão Fiscal:** primeiro quadrimestre de 2020. Brasília: Tesouro Nacional, abr. 2020r. Disponível em: <https://www.tesourotransparente.gov.br/publicacoes/relatorio-de-gestao-fiscal-rgf/2020/27>. Acesso em 10 fev. 2020.

BRASIL. Tesouro Nacional Transparente. **Relatório Resumido da Execução Orçamentária (RREO).** 26 jul. 2019. Disponível em: <https://www.tesourotransparente.gov.br/publicacoes/relatorio-resumido-da-execucao-orcamentaria-rreo/2019/6>. Acesso em: 6 set. 2020.

BRASIL. Tribunal de Contas da União. **Institucional.** Disponível em: <https://portal.tcu.gov.br/institucional/conheca-o-tcu/>. Acesso em: 6 set. 2020s.

BRASIL. Tribunal de Contas da União. **Referencial básico de governança aplicável a órgãos e entidades da administração pública.** 2. versão. Brasília: TCU/Secretaria de Planejamento, Governança e Gestão, 2014. Disponível em: <https://portal.tcu.gov.br/data/file s/84/34/1A/4D/43B0F410E827A0F42A2818A8/2663788.PDF>. Brasília: TCU, Secretaria de Planejamento, Governança e Gestão, 2014. Acesso em: 6 set. 2020.

BRASIL. Tribunal Superior Eleitoral. Lei de Responsabilidade Fiscal controla gastos nos municípios. **Jusbrasil**, 2012c. Disponível em: <https://tse.jusbrasil.com.br/noticias/100290605/lei-de-responsabilidade-fiscal-controla-gastos-nos-municipios>. Acesso em: 6 set. 2020.

CANDELORO, A. P. P.; RIZZO, M. B. M. de; PINHO, V. **Compliance 360°:** riscos, estratégias, conflitos e vaidades no mundo corporativo. São Paulo: Trevisan, 2012.

CARDOSO, F. H. **A arte da política:** a história que vivi. Rio de Janeiro: Civilização Brasileira, 2006.

CARVALHO NETO, A. A. de (Coord.). **Auditoria governamental.** Brasília: TCU; Instituto Serzedello Corrêa, 2011.

CASTRO, D. P. **Auditoria, contabilidade e controle interno no setor público:** integração das áreas do ciclo de gestão – contabilidade, orçamento e auditoria e organização dos controles internos como suporte à governança corporativa. 4. ed. São Paulo: Atlas, 2011.

CHIAVENATO, I. **Introdução à teoria geral da administração.** 9 ed. Barueri, SP: Manole, 2014.

COLTRO, A. **Teoria geral da administração.** Curitiba: InterSaberes, 2015.

CORDEIRO, J. **Conheça os 6 níveis da accountability:** em qual você está? 26 nov. 2019. Disponível em: <http://www.joaocordeiro.com.br/conheca-os-6-niveis-da-accountability-em-qual-voce-esta/>. Acesso em: 6 set. 2020.

CUNHA, D. Administração Pública: uma visão ampla da administração pública direta e indireta. **Jusbrasil**, 2014. Disponível em: <https://douglascr.jusbrasil.com.br/artigos/135764506/administracao-publica-uma-visao-ampla-da-administracao-publica-direta-e-indireta>. Acesso em: 6 set. 2020.

EBC – Empresa Brasil de Comunicação. **Informações sobre a publicidade legal.** Disponível em: <http://publicidadelegal.ebc.com.br/ppl/autenticar.do>. Acesso em: 6 set. 2020.

ENAP – Escola Nacional de Administração Pública. **Introdução ao Orçamento Público**. Brasília, 2017. Disponível em: <https://repositorio.enap.gov.br/bitstream/1/3167/1/Modulo%201%20-%20Entendendo%20o%20Orcamento%20Publico.pdf>. Acesso em: 6 set. 2020.

ESPÍRITO SANTO. Secretaria de Gestão e Recursos Humanos. Secretaria de Economia e Planejamento. **Elaboração, execução e avaliação do PPA**: trilha orçamento e finanças. 16 jun. 2017. Disponível em: <https://esesp.es.gov.br/Media/esesp/Agenda%20Municipal/Apostila%20Completa%20PPA.pdf>. Acesso em: 30 out. 2020.

FARIA, J. H. de. **Gestão participativa**: relações de poder e de trabalho nas organizações. São Paulo: Atlas, 2009.

FERREIRA, D. E. S. **Experiências recentes de controle social sobre o processo de orçamentação pública municipal no Brasil**. Brasília: Esaf, 2006.

GALDINO, M.; OLIVEIRA, C.; GALF, R. Como a democracia fortaleceu o combate à corrupção. **Blog Transparência Brasil**, 22 out. 2018. Disponível em: <https://www.transparencia.org.br/blog/como-a-democracia-fortaleceu-o-combate-a-corrupcao/>. Acesso em: 6 set. 2020.

GOHN, M. G. Gestão urbana em São Paulo, 2000-2002: atores e processos na questão dos Conselhos. In: ENCONTRO NACIONAL DA ANPOCS, 26., 2002, Caxambu. Anais... Caxambu: Anpocs, 2002.

GONÇALVES, S. R.; MENDES, L. R. S. O controle na administração pública: o papel da auditoria interna em uma instituição federal de ensino superior de Minas Gerais. **Cadernos Zygmunt Bauman**, v. 5, n. 9, p. 2-25, 2015.

GPP – Gestão por Processos e Projetos. **Processos**. 21 abr. 2014. Disponível em: <http://www.gestaoporprocessos.com.br/entradas-e-saidas-de-um-processo/processos/>. Acesso em: 5 nov. 2020.

GUERRA, E. M. **Os controles externo e interno da administração pública e os tribunais de contas**. Belo Horizonte: Fórum, 2003.

GUERRA, E. M. **Os controles externo e interno da administração pública**. 2. ed. Belo Horizonte: Fórum, 2007.

HEALD, D. Varieties of Transparency. In: HOOD, C.; HEALD, D. (Org.). **Transparency**: The key to Better Governance? New York: The British Academy, 2007. p. 25-44.

HEEKS, R. B. **Transparency Definitions Page.** e-Government for development project, University of Manchester, UK, 2004. Projeto de pesquisa.

IFAC – International Federation of Accountants. **Governance in the Public Sector:** a Governing Body Perspective – Study 13. New York, Aug. 2001. Disponível em: <https://www.ifac.org/system/files/publications/files/study-13-governance-in-th.pdf>. Acesso em: 30 out. 2020.

IOZZI, L. F. 23 formas de exercer a cidadania além do voto. **Politize!**, 1º nov. 2016. Disponível em: <https://www.politize.com.br/cidadania-23-formas-de-exercer/>. Acesso em: 6 set. 2020.

JATAÍ. Prefeitura Municipal. **Convite:** Audiência pública para apresentação e discussão do Plano Municipal de Saneamento Básico. 9 ago. 2019. Disponível em: <https://www.jatai.go.gov.br/convite-audiencia-publica-para-apresentacao-e-discussao-do-plano-municipal-de-saneamento-basico/ >. Acesso em: 22 dez. 2020.

KLEBA, M. E.; KRAUSER, I. M.; VENDRUSCOLO, C. O planejamento estratégico situacional no ensino da gestão em saúde da família. **Texto & Contexto Enfermagem**, v. 20, n. 1, p. 184-193, 2011.

LIMA FILHO, R. N. et al. Accountability e governo eletrônico: uma análise sobre a participação popular. **Revista Pensamento Contemporâneo em Administração**, v. 5, n. 2, p. 17-32, 2011.

LIMA, C. H. dos S. **A construção de mecanismos para o efetivo controle social (ou accountability vertical).** 4 jan. 2018. Disponível em: <https://mpd.org.br/mp-no-debate-artigo-a-construcao-de-mecanismos-para-o-efetivo-controle-social-ou-accountability-vertical/>. Acesso em: 6 set. 2020.

LIMA, L. C. M. de. **Controle interno na administração pública:** o controle interno na administração como um instrumento de accountability. Monografia (especialização em Orçamento Público) – Escola da AGU, 2012.

MAINWARING, S. Introduction: Democratic Accountability in Latin America. In: MAINWARING, S.; WELNA, C. (Org.). **Democratic Accountability in Latin America.** Oxford: Oxford University Press, 2003. p. 3-33.

MARTINS, T. **Eu posso ser eficaz, e não eficiente!** 27 mar. 2019. Disponível em: <https://tuliomartins.com.br/eu-posseu-posso-ser-eficaz-e-nao-eficiente/>. Acesso em: 5 nov. 2020.

MATIAS-PEREIRA, J. **Governança no setor público.** São Paulo: Atlas, 2010.

MAXIMIANO, A. C. A. **Teoria geral da administração:** da revolução urbana à revolução digital. 6. ed. São Paulo: Atlas, 2011.

MAZZEI, B. B.; CASTRO, A. L. de. Governo eletrônico: a transparência no governo do estado do Paraná. **RIGS – Revista Interdisciplinar de Gestão Social**, v. 5, n. 3, p. 49-63, set./dez. 2016.

MEDAUAR, O. **Direito administrativo moderno**. 15. ed. rev., atual. e ampl. São Paulo: Revista dos Tribunais, 2011.

MEDEIROS, A. K. de; CRANTSCHANINOV, T. I.; SILVA, F. C. da. Estudos sobre accountability no Brasil: meta-análise de periódicos brasileiros das áreas de administração, administração pública, ciência política e ciências sociais. **RAP – Revista de Administração Pública**, Rio de Janeiro, v. 47, n. 3, p. 745-775, 2013.

MEDEIROS, A. **MPE obtém sentença e ex-prefeito e mais quatro são condenados por improbidade administrativa**. 21 jul. 2017. Disponível em: <https://www.mpmt.mp.br/conteudo/58/72311/mpe-obtem-sentenca-e-ex-prefeito-e-mais-quatro-sao-condenados-por improbidade-administrativa>. Acesso em: 6 set. 2020.

MEDEIROS, L. **Princípios básicos da administração pública:** poderes, deveres, direitos e responsabilidades do servidor. São Paulo: FEA-USP, 2013.

MORAIS, L. da S.; TEIXEIRA, M. G. C. Interfaces da accountability na administração pública brasileira: análise de uma experiência da auditoria geral do Estado do Rio de Janeiro. **REAd – Revista Eletrônica de Administração**, Porto Alegre, v. 22, n. 1, p. 77-105, abr. 2016.

MOREIRA, G. F.; FUKS, B. B. "Bárbara-cena": a imputabilidade penal à responsabilização subjetiva do criminoso psicótico. **Revista Latinoamericana de Psicopatologia Fundamental**, São Paulo, v. 21, n. 3, p. 511-524, set. 2018.

NAZÁRIO, H. R. **UFSB fortalece serviços de transparência e integridade**. 21 jan. 2020. Disponível em: <https://www.ufsb.edu.br/component/content/article/1461-ufsb-fortalece-servicos-de-transparencia-e-integridade>. Acesso em: 6 set. 2020.

NEVES, E. C. **Compliance empresarial**: o tom da liderança. São Paulo: Jurídicos Trevisan, 2018.

NEVES, G.; GUIMARÃES, A.; JÚNIOR, A. As bases para um novo modelo de administração pública orientada para resultados: evolução dos paradigmas, novos princípios e dimensões operacionais de funcionamento. In: CONGRESSO CONSAD DE GESTÃO PÚBLICA, 10., 2017.

NITTIS, L. de. Por que é preciso falar de transparência pública. **E-Gestão Pública**, 8 fev. 2019. Disponível em: <https://www.e-gestao publica.com.br/transparencia-publica/>. Acesso em: 6 set. 2020.

O'DONNELL, G. Accountability horizontal e novas poliarquias. **Lua Nova**, São Paulo, n. 44, p. 27-54, 1998.

PALUDO, A. **Administração pública**. 3. ed. Rio de Janeiro: Elsevier, 2013.

PANHOCA, I.; BONINI, L. M. de M. Responsividade e consciência política: posicionamento de universitários brasileiros diante de temas como pagamento de impostos e obtenção de melhorias. **Revista de Políticas Públicas**, São Luís, v. 18, n. 1, p. 205-215, jan./jul. 2014.

PINHO, J. A. G. de; SACRAMENTO, A. R. S. Accountability: já podemos traduzi-la para o português? **RAP – Revista de Administração Pública**, Rio de Janeiro, v. 43, n. 6, p. 1343-1368, dez. 2009.

POMPEU, G. Auditoria contínua e o sistema de controle da administração pública federal. **Tecsi FEA-USP**, 2 jun. 2015. Disponível em: <https://pt.slideshare.net/tecsifeausp/12-contecsi-34thwcarsauditoria-contnua-e-o-sistema-de-controle-da-painel-34-wcars>. Acesso em: 6 set. 2020.

PORTAL DA TRANSPARÊNCIA. Disponível em: <http://www.portaldatransparencia.gov.br/>. Acesso em: 27 out. 2020a.

PORTAL DA TRANSPARÊNCIA. **Comparativo de benefícios por localidade**. Disponível em: <http://transparencia.gov.br/beneficios>. Acesso em: 6 set. 2020b.

PORTAL DA TRANSPARÊNCIA. **Controle social**. Disponível em: <http://transparencia.gov.br/pagina-interna/603399-controle-social>. Acesso em: 6 set. 2020c.

PORTAL DA TRANSPARÊNCIA. **Legislação**. Disponível em: <http://www.portaltransparencia.gov.br/sobre/legislaçao>. Acesso em: 4 nov. 2020d.

PORTAL DA TRANSPARÊNCIA. **O Portal como ferramenta**. Disponível em: <http://www.portaltransparencia.gov.br/controle-social/o-portal-como-ferramenta>. Acesso em: 6 set. 2020e.

PORTAL DA TRANSPARÊNCIA. **O que é e como funciona**. Disponível em: <http://transparencia.gov.br/sobre/o-que-e-e-como-funciona>. Acesso em: 6 set. 2020f.

PORTAL DA TRANSPARÊNCIA DA PREFEITURA MUNICIPAL DE MARICÁ. **Orçamento.** Disponível em: <http://ecidade online.marica.rj.gov.br/e-cidade_transparencia_inte/main>. Acesso em: 6 nov. 2020.

PORTAL DA TRANSPARÊNCIA DO PODER EXECUTIVO DE SANTA CATARINA. **Acessibilidade.** Disponível em: <http://www.transparencia. sc.gov.br/acessibilidade>. Acesso em: 6 set. 2020.

PRADO, O. **Governo eletrônico, reforma do Estado e transparência:** o programa de governo eletrônico do Brasil. 2009. 199 p. Tese (Doutorado em Administração Pública e Governo) – Escola de Administração de Empresas de São Paulo da Fundação Getulio Vargas, São Paulo, 2009.

QUEIROZ, R. B. **Formação e gestão de políticas públicas.** Curitiba: InterSaberes, 2012.

RIBCZUK, P.; NASCIMENTO, A. R. do. Governança, governabilidade, accountability e gestão pública: critérios de conceituação e aferição de requisitos de legitimidade. **Revista Direito Mackenzie**, v. 9, n. 2, p. 219-236, 2015.

ROCHA, A. C. Governança, governabilidade, accountability e gestão pública: critérios de conceituação e aferição de requisitos de legitimidade. **ReFAE – Revista da Faculdade de Administração e Economia**, São Bernardo do Campo, v. 5, n. 1, p. 81-100, 2013.

SANO, H.; ABRUCIO, F. L. Promessas e resultados da nova gestão pública no Brasil: o caso das organizações sociais de saúde em São Paulo. **RAE – Revista de Administração de Empresas**, São Paulo, v. 48, n. 3, p. 64-80, set. 2008.

SANTANA, G. A separação dos três poderes: Executivo, Legislativo e Judiciário. **Politize!**, 1º mar. 2016. Disponível em: <https://www.politize.com.br/separacao-dos-tres-poderes-executivo-legislativo-e-judiciario/>. Acesso em: 6 set. 2020.

SANTANA, M. B. de; SOUZA, C. G. B. de. Uso das redes sociais por órgãos públicos no Brasil e possibilidades de contribuição do monitoramento para gestão. **Revista Gestão.Org**, v. 15, edição especial, p. 99-107, 2017.

SANTOS, L. A. dos; CARDOSO, R. L. S. Perspectivas para o controle social e a transparência da administração pública. In: BRASIL. Tribunal de Contas da União. **Prêmio Serzedello Corrêa 2001**: monografias vencedoras – perspectivas para o controle social e a transparência da administração pública. Brasília: TCU; Instituto Serzedello Corrêa, 2002. p. 211-308.

SANTOS, L. F. B. dos. **Evolução do pensamento administrativo.** Curitiba: InterSaberes, 2013.

SÃO PAULO (Estado). Ministério Público. Subprocuradoria-Geral de Justiça de Planejamento Institucional. Centro de Gestão Estratégica. **Manual de indicadores de desempenho.** São Paulo, 2017. Disponível em: <http://www.mpsp.mp.br/portal/page/portal/Centro_de_Gestao_Estrategica/ManualIndicadores.pdf>. Acesso em: 6 set. 2020.

SCHEDLER, A. Conceptualizing Accountability. In: SCHEDLER, A.; DIAMOND, L.; PLATTNER, M. F. **The Self-restraining State:** Power and Accountability in New Democracies. London: Lynne Rienner Publishers, 1999. p. 13-29.

SECOP. **Prêmio e-Gov.** Brasília, 2019. Disponível em: <https://www.secop.org.br/e-gov/>. Acesso em: 6 set. 2020.

SERPRO – Serviço Federal de Processamento de Dados. **Governo digital e inovador.** Disponível em: <http://intra.serpro.gov.br/tema/noticias-tema/governo-digital-e-inovador>. Acesso em: 6 set. 2020.

SERRA, R. de C. C.; CARNEIRO, R. Controle social e suas interfaces com os controles interno e externo no Brasil contemporâneo. **Espacios Públicos,** v. 15, n. 34, p. 43-64, mayo-agosto 2012.

SILVEIRA, R. de M. J.; SAAD-DINIZ, E. **Compliance, direito penal e lei anticorrupção.** São Paulo: Saraiva, 2015.

TEIXEIRA, E. **O local e o global:** desafios da participação cidadã. São Paulo: Cortez, 2001.

UNGARO. G. G. Controle interno e controle social da administração pública. In: MACHADO, E. (Org.). **Controle da administração pública.** São Paulo: FGV, 2014. p. 63-75.

VALLE, V. R. L. do. Controle social: promovendo a aproximação entre administração pública e a cidadania. In: BRASIL. Tribunal de Contas da União. **Prêmio Serzedello Corrêa 2001:** monografias vencedoras – perspectivas para o controle social e a transparência da administração pública. Brasília: TCU; Instituto Serzedello Corrêa, 2002. p. 75-139.

VIEIRA, J. B.; BARRETO, R. T. de S. **Governança, gestão de riscos e integridade.** Brasília: Enap, 2019.

VILHENA, A. R. de et al. **Controle da administração pública.** Atualização da redação: Antônio José Calhau de Resende. Belo Horizonte: Assembleia Legislativa do Estado de Minas Gerais, 2015. Disponível em: <https://www.almg.gov.br/export/sites/default/consulte/publicacoes_assembleia/cartilhas_manuais/passo_a_passo/arquivos/pdfs/passo_a_passo_controle_administracao_publica_mar2015.pdf>. Acesso em: 6 set. 2020.

WILDAUER, W.; WILDAUER, L. D. B. **Mapeamento de processos:** conceitos, técnicas e ferramentas. Curitiba: InterSaberes, 2015.

✦ ✦ ✦

Respostas

Capítulo 1

Questões para revisão

1. c
2. d
3. d
4. Na administração direta, a prestação dos serviços públicos é feita pelo próprio Estado, nos níveis federal, estadual e municipal. Na administração indireta, o serviço é prestado por pessoa jurídica indicada pelo poder público para exercer tal atividade.
5. No *accountability* vertical, há o controle por meio do voto em representantes, de plebiscitos ou do uso do controle social. Já no *accountability* horizontal, ocorre a fiscalização mútua entre os poderes.

Questões para reflexão

1. "É no Projeto de Lei Orçamentária Anual (LOA) que o governo define as prioridades relatadas no PPA e as metas que deverão ser atingidas no ano. A LOA disciplina todas as ações do Governo Federal. Nenhuma despesa pública pode ser executada fora do orçamento, mas nem tudo é feito pelo Governo Federal. As ações dos governos estaduais e municipais devem estar registradas nas leis orçamentárias dos Estados e Municípios" (Portal da Transparência da Prefeitura Municipal de Maricá, 2020).

2. "O Projeto de Lei de Diretrizes Orçamentárias (LDO) estabelece as metas e prioridades para o exercício financeiro seguinte; orienta a elaboração do Orçamento; dispõe sobre alteração na legislação tributária; estabelece a política de aplicação das agências financeiras de fomento" (Portal da Transparência da Prefeitura Municipal de Maricá, 2020).

Capítulo 2

Questões para revisão

1. a
2. d
3. a
4. O dever de lealdade, também denominado *dever de fidelidade*, exige de todo servidor a dedicação ao serviço e o integral respeito às leis e às instituições constitucionais; a pessoa deve se identificar com os interesses do Estado. Tal dever impede que o servidor atue contra os fins e os objetivos legítimos da administração.

   Já o dever de probidade exige o respeito à moralidade na conduta do administrador público, e esse aspecto é elemento necessário à legitimação de seus atos. Existem normas que incidem sobre a conduta dos agentes públicos no trato dos bens que lhes são confiados para a gestão, sujeitando-se pelo mau emprego ou dilapidação à responsabilização administrativa, civil ou criminal.

5. Tais normas geralmente constam no estatuto dos servidores civis, em leis específicas para os empregados públicos, em códigos de ética e em outras normas internas das instituições.

Questões para reflexão

1. A responsabilidade administrativa resulta da violação de normas internas de caráter disciplinar pelo servidor. Geralmente, tais normas encontram-se no estatuto dos servidores civis, em leis específicas para os empregados públicos, em códigos de ética e em outras normas internas de cada instituição. Tanto os servidores estatutários e os empregados públicos como os trabalhadores temporários e os colaboradores (mesários, representantes discentes etc.) estão sujeitos ao regime disciplinar. A apuração de infrações de responsabilidade administrativa ocorre na esfera interna. Ainda assim, deve respeitar o devido processo legal, assegurando o amplo direito de informação e a ampla defesa aos acusados.

2. Os entes públicos devem conhecer suas atribuições e estar conscientes das implicações resultantes de suas ações. Quando pensamos na imputabilidade na gestão pública, entendemos que os agentes públicos são dotados de intelecto, competências e habilidades para responder por suas ações. Em outras palavras, os agentes têm condições suficientes para conhecer e compreender o caráter ilícito de ações que podem ocorrer por sua ação direta ou mesmo por sua omissão.

Capítulo 3

Questões para revisão

1. d
2. b
3. d
4. O momento normativo propõe a definição de objetivos e resultados a alcançar, bem como a previsão de estratégias e ações necessárias para tal.
5. O benefício da prevenção a riscos nos programas de *compliance* são a identificação, a mitigação e a remediação das possibilidades de violações da lei, bem como das consequências adversas de tal ato.

Questões para reflexão

1. O *compliance* visa dar legitimidade às relações do governo com o próprio governo, com outras instâncias do poder público e com a sociedade. Em outras palavras, seu objetivo é o cumprimento dos preceitos legais que devem regrar as relações públicas.
2. Promover a equidade é garantir as condições para que todos tenham acesso ao exercício de seus direitos civis (liberdade de expressão, liberdade de acesso à informação, liberdade de associação, liberdade de voto, igualdade entre gêneros), políticos e sociais (saúde, educação, moradia, segurança).

Capítulo 4

Questões para revisão

1. b
2. b
3. e
4. *Answerability* é dar publicidade às informações transparentes; é a postura assertiva dessa divulgação. *Responsiveness* é a obrigação, na legalidade, de dar respostas aos pedidos de informações.

Por fim, *enforcement* é a capacidade, conforme a institucionalidade e a legalidade, de o agente fazer valer suas exigências por informações.

5. O Portal da Transparência é um catálogo com bases de dados disponíveis em formato aberto. Os dados abertos podem ser usados, cruzados e processados para a geração de estudos, aplicativos e outras soluções.

Questões para reflexão

1. A importância de o gestor público e o cidadão conhecerem as regras legais da publicidade legal está no fato de que o gestor público conseguirá atender com mais eficiência às demandas sociais, o cidadão, por sua vez, poderá cobrar de forma mais ativa.

2. Na transparência ativa, quem disponibiliza a informação é o órgão público, como em portais de transparência. Na passiva, é disponibilizado após a solicitação do cidadão.

Capítulo 5

Questões para revisão

1. a
2. a
3. d
4. O TCU fiscaliza os atos que envolvam a utilização de recursos públicos federais. Para irregularidades no uso de recursos públicos estaduais ou municipais, deve-se oferecer denúncia ao Tribunal de Contas do estado ou ao Tribunal de Contas do município, quando existir.
5. As audiências públicas ocorrem para discussão do orçamento público, para definição do planejamento urbano municipal e tantas outras questões relevantes e de interesse público.

Questões para reflexão

1. A penalidade prevista é a reclusão de um a quatro anos (Lei n. 10.028/2000, art. 2º).

2. A penalidade prevista é multa de 30% dos vencimentos anuais (Lei n. 10.028/2000, art. 5º, inciso I e parágrafo 1º); proibição de receber transferências voluntárias e contratar operações de crédito, exceto as destinadas ao refinanciamento do principal atualizado da dívida mobiliária (LRF, art. 51, parágrafo 2º).

Capítulo 6

Questões para revisão

1. a
2. c
3. c
4. A EBT foi elaborada para fornecer os subsídios necessários à CGU. É uma metodologia que visa medir a transparência pública em todos os estados e municípios brasileiros.
5. A disponibilização de dados permite que a população acompanhe em tempo real os gastos e as receitas das entidades que compõem a gestão pública, fazendo com que todo cidadão conheça os caminhos dos valores que saem de seus bolsos por meio do pagamento de impostos.

Questões para reflexão

1. A transparência permite que cidadãos acompanhem o que tem sido feito pelo governo e acompanhe os investimentos do dinheiro arrecadado, a fim de compreender a administração dos recursos, podendo manifestar ou não sua concordância.

2. A transparência possibilita a fiscalização da gestão pública de forma que o cidadão possa acompanhar os atos e as ações do poder público.

✦ ✦ ✦

Sobre o autor

Elizeu Barroso Alves é doutorando e mestre em Administração pelo Programa de Pós-Graduação em Administração da Universidade Positivo (PPGA-UP), com pesquisa na área de organizações, gestão e sociedade e estudos concentrados em organização e mudança (bolsista Prosup-Capes). É graduado em Administração pelo Centro Universitário Internacional Uninter e tem MBA em Gestão de Marketing pela mesma instituição. Atualmente, é professor e coordenador dos cursos de graduação, na modalidade semipresencial, da Escola Superior de Gestão, Comunicação e Negócios (ESGCN) do Uninter. Tem interesse, quanto à pesquisa científica e à atuação profissional, nos seguintes temas: crimes corporativos, racionalidades, empreendimentos de economia solidária, pragmática da linguagem, mercadologia e inovação nas organizações. Entre outras experiências profissionais, atuou no Serviço Nacional do Comércio do Paraná, na Spaipa/Coca-Cola e na Soteco Brasil.

Os papéis utilizados neste livro, certificados por instituições ambientais competentes, são recicláveis, provenientes de fontes renováveis e, portanto, um meio **respons**ável e natural de informação e conhecimento.

FSC
www.fsc.org
MISTO
Papel produzido
a partir de
fontes responsáveis
FSC® C103535

Impressão: Reproset
Agosto/2021